2021—2022 年中国工业和信息化发展系列蓝皮书

2021—2022 年
中国软件产业发展蓝皮书

中国电子信息产业发展研究院 **编 著**

张小燕 **主 编**

姚 磊 贾子君 蒲松涛 **副主编**

電子工業出版社
Publishing House of Electronics Industry
北京 · BEIJING

内 容 简 介

本书在总结全球及中国软件产业整体发展情况的基础上，从行业发展、重点区域、特色园区、企业情况、政策环境、热点事件等多个维度，对 2021 年中国软件产业发展进行剖析，并对 2022 年中国软件产业发展趋势进行展望。

本书可为中央及地方各级政府、相关企业和研究人员把握软件和信息技术服务业的发展脉络、研判其前沿趋势提供参考。

图书在版编目（CIP）数据

2021—2022 年中国软件产业发展蓝皮书 / 中国电子信息产业发展研究院编著；张小燕主编. —北京：电子工业出版社，2022.12

（2021—2022 年中国工业和信息化发展系列蓝皮书）

ISBN 978-7-121-44626-9

Ⅰ. ①2… Ⅱ. ①中… ②张… Ⅲ. ①软件产业－产业发展－研究报告－中国－2021-2022 Ⅳ. ①F426.67

中国版本图书馆 CIP 数据核字（2022）第 228949 号

责任编辑：刘家彤　　文字编辑：韩玉宏

印　　刷：北京虎彩文化传播有限公司

装　　订：北京虎彩文化传播有限公司

出版发行：电子工业出版社

北京市海淀区万寿路 173 信箱　　邮编：100036

开　　本：720×1 000　1/16　印张：13.5　字数：302.4 千字　彩插：1

版　　次：2022 年 12 月第 1 版

印　　次：2023 年 7 月第 3 次印刷

定　　价：218.00 元

凡所购买电子工业出版社图书有缺损问题，请向购买书店调换。若书店售缺，请与本社发行部联系，联系及邮购电话：（010）88254888，88258888。

质量投诉请发邮件至 zlts@phei.com.cn，盗版侵权举报请发邮件至 dbqq@phei.com.cn。

本书咨询联系方式：liujt@phei.com.cn，（010）88254504。

前言

一

当今时代，新一轮科技革命和产业变革加速发展，以 5G、大数据、云计算、人工智能（AI）等新一代信息技术为代表，以数字化、网络化、智能化为标志，催生出有别于农业经济、工业经济的一种新型经济形态——数字经济，为经济社会发展提供了强劲动力。软件是新一代信息技术的灵魂，是数字经济发展的基础和支撑，对于加快建设现代化产业体系、开辟数字经济广阔空间具有关键作用。

软件加速向经济社会各行业各领域广泛渗透、深度融合，“软件定义”成为数字经济时代的新特征和新标志。一方面，软件驱动云计算、大数据、人工智能、5G、区块链、工业互联网等新兴技术群体突破、交叉融合、迭代创新，对全球资源配置、产业结构、竞争格局等的影响更为凸显。另一方面，“软件定义”扩展了传统产品服务的功能，变革了价值创造模式，打破了原有生产组织方式，全面推动经济社会数字化、网络化、智能化转型升级，持续激发数据要素创新活力，对各行业各领域发展的赋能、赋值、赋智作用不断显现。

在此背景下，越来越多的政府和企业将数字化转型、打造数字化能力作为未来发展的核心战略。例如，软件已经成为制造业巨头业务转型的重点方向。制造企业已不满足于购买软件产品解决信息化建设问题，而是积极构建基于网络（平台）的服务体系，并培育专业软件公司，形成自己的软件产品体系。从软件代码量看，洛克希德·马丁公司已超越微软；西门子成为欧洲第二大软件企业；罗克韦尔公司60%的人员是软件研发人员；通用电气（GE）等工业巨头已宣布将转型为软件公司。软件通过“赋能、赋值、赋智”，推动硬件“功能最大化、价值最大化、智能最大化”。通过给予不同的软件或应用，手机、汽车、飞机能够被赋予不同的功能、价值并具备智能特征。特斯拉 Model S 系列车型全车软件代码超过 4 亿行，软件成本占到整车成本的40%以上。

数字化转型的浪潮驱动 IT 采购需求加速释放，推动全球软件和信息技术服务业（可简称软件业或软件产业）呈现出稳定增长态势。全球信息技术研究和顾问公司 Gartner 发布的数据显示，2021 年全球 IT 支出约为 4.24 万亿美元，同比增长 9.5%，其中，企业软件支出约为 0.61 万亿美元，同比增长 14.4%，IT 服务支出约为 1.19 万亿美元，同比增长 10.7%。Gartner 预测，2022 年全球 IT 支出将达到约 4.46 万亿美元，比 2021 年增长 5.2%。

与此同时，以软件为代表的数字技术国际竞争日趋激烈，各国纷纷加强战略布局、出台鼓励政策、打造竞争优势，软件与硬件、内容与终端、产品与服务的一体化整合速度进一步加快。展望 2022 年，全球软件领域的技术、产品、模式创新仍将持续加快，在带动全球经济复苏中将发挥越来越重要的作用。

二

“十四五”时期是我国开启全面建设社会主义现代化国家新征程的第一个五年，软件产业迎来新的发展机遇。2021 年 10 月 18 日，习近平总书记在中共中央政治局第三十四次集体学习时强调，要全面推进产业化、规模化应用，重点突破关键软件，推动软件产业做大做强，提升关键软件技术创新和供给能力。2021 年 11 月，工业和信息化部印发《“十四五”软件和信息技术服务业发展规划》(以下简称《规划》)，明确“十四五”时期软件和信息技术服务业的总体要求、主要任务及保障措施等内容，指导未来五年软件和信息技术服务业的发展。

《规划》采用定量目标和定性目标相结合的方式，围绕高质量发展主题，聚焦产业基础高级化、产业链现代化，提出“四新”发展目标。一是产业基础实现新提升。基础组件供给取得突破，标准引领作用显著增强，“十四五”期间制定 125 项重点领域的国家标准。二是产业链达到新水平。产业链短板弱项得到有效解决，基础软件、工业软件等关键软件供给能力显著提升。到 2025 年，工业 App 突破 100 万个。三是生态培育获得新发展。培育一批具有生态主导力和核心竞争力的骨干企业，建设 2 或 3 个有国际影响力的开源社区，高水平建成 20 家中国软件名园。四是产业发展取得新成效。到 2025 年，规模以上企业软件业务收入突破 14 万亿元，年均增长 12%以上。

《规划》设置了“585”任务措施，即 5 项主要任务、8 个专项行动、5 项保障措施。其中，围绕软件产业链、产业基础、创新能力、需求牵引、产业生态部署 5 项主要任务。一是推动软件产业链升级。围绕软件产业链，加速“补短板、锻长板、优服务”，提升软件产业链现代化水平。二是提升产业基础保障水平。重点夯实共性技术、基础资源库、基础组件等产业发展基础，强化质量标准、价值评估、知识产权等基础保障能力，推进产业基础高级化。三是强化产业创新发展能力。重点加强政产学研用协同攻关，做强做大创新载体，充分释放“软件定义”创新活力，加速模式创新、机制创新，构建协同联动、自主可控的产业创新体系。四是激发数字化发展新需求。鼓励重点领域率先开展关键产品应用试点，推动软件与生产、分配、流通、消费各环节深度融合，加快推进数字化发展，推动需求牵引供给、供给创造需求的更高水平发展。五是完善协同共享产业生态。重点培育壮大市场主体，加快繁荣开源生态，提高产业集聚水平，形成多元、开放、共赢、可持续的产业生态。

为保障各项任务顺利实施，《规划》设置了关键基础软件补短板、新兴平台软件锻长板、信息技术服务应用示范、产业基础能力提升、“软件定义”

创新应用培育、工业技术软件化推广、开源生态培育和软件产业高水平集聚 8 个专项行动，以及健全组织实施机制、加大财政金融支持、打造一流人才队伍、强化安全服务保障、深化国际开放合作 5 项保障措施。

在《规划》的指引下，2021 年我国软件和信息技术服务业运行态势良好，软件业务收入保持较快增长，“十四五”实现良好开局。工业和信息化部发布的《2021 年软件和信息技术服务业统计公报》显示，2021 年，全国软件和信息技术服务业规模以上企业超过 4 万家，累计完成软件业务收入 9.50 万亿元，同比增长 17.7%，利润总额 1.19 万亿元，同比增长 7.6%。其中，软件产品收入 2.44 万亿元，同比增长 12.3%，占全行业收入比重为 25.7%；信息技术服务收入 6.03 万亿元，同比增长 20.0%，占全行业收入比重为 63.5%；信息安全产品和服务收入 0.18 万亿元，同比增长 13.0%；嵌入式系统软件收入 0.84 万亿元，同比增长 19.0%。

从数据角度来看，我国软件产业发展势头强劲。软件和信息技术服务业作为拉动国内经济增长的重要引擎，在稳就业、惠民生、促发展方面持续发挥着重要作用，为推动各行业高质量发展、打造新发展格局发挥了重要作用。我们也要清醒地认识到，软件产业还面临着基础薄弱、产业生态不完善、国际竞争力不足等诸多挑战。

在向第二个百年奋斗目标进军新征程中，需要充分认识软件产业发展的重要性和紧迫性，加快实施国家软件发展战略，不断提升软件产业创新活力，坚持补短板、锻长板，夯实产业发展基础，提升关键软件供给能力，加快繁荣开源生态，着力打造更高质量、更有效率、更为安全的产业生态，充分释放软件对各行业的放大、倍增和叠加效应，有效满足多层次、多样化市场需求，持续培育数字化发展新动能。

三

为全面掌握软件和信息技术服务业的发展动态，研判产业发展趋势和重点，赛迪智库信息化与软件产业研究所组织编撰了《2021—2022 年中国软件产业发展蓝皮书》。本书在总结全球及中国软件产业整体发展情况的基础上，从行业发展、重点区域、特色园区、企业情况、政策环境、热点事件等多个维度，对2021年中国软件产业发展进行剖析，并对2022年中国软件产业发展趋势进行展望。全书分为综合篇、行业篇、区域篇、园区篇、企业篇、政策篇、热点篇和展望篇8个部分。

综合篇：对2021年全球软件产业发展情况和我国软件产业发展情况进行阐述。

行业篇：分别选取基础软件、工业软件、信息技术服务、嵌入式软件、云计算、大数据、人工智能、开源软件进行专题分析，对各行业领域2021年整体发展情况进行回顾，并从结构、市场、技术等角度总结发展特点。

区域篇：对环渤海地区、长江三角洲地区、东南沿海地区、东北地区、中西部地区进行专题研究，分析各区域软件产业整体发展情况和发展特点。

园区篇：选取北京中关村软件园、上海浦东软件园、四川成都天府软件园、江苏南京软件谷、福建福州软件园、山东济南齐鲁软件园等代表性软件园区进行专题研究，总结分析各个园区的概况和发展情况。

企业篇：分别选取基础软件、工业软件、信息技术服务、嵌入式软件、云计算、大数据、人工智能、开源软件行业细分领域的代表性骨干企业，分析其发展情况和发展策略。

政策篇：对2021年中国软件产业政策环境进行分析，对《“十四五”软件和信息技术服务业发展规划》《“十四五”信息化和工业化深度融合发展规划》《“十四五”大数据产业发展规划》《新型数据中心发展三年行动计划（2021—2023年）》《关于加快推动区块链技术应用和产业发展的指导意见》等重点政策进行解析。

热点篇：总结论述2021年软件产业的热点事件，分别选取“我国工业软件发展迎来政策窗口期”“华为相继发布HarmonyOS 2、欧拉并实现二者内核技术共享”等热点问题进行事件回顾和分析。

展望篇：在对主要研究机构预测性观点进行综述的基础上，展望2022年我国软件产业整体发展趋势、重点行业发展趋势。

赛迪智库信息化与软件产业研究所注重研究国内外软件产业的发展动

态和趋势，持续发挥对政府机关的支撑作用，着力提升对中国软件名城、软件园区（基地）、软件人才、区域软件产业发展等的服务能力。希望通过我们的不懈努力，为进一步挖掘软件应用价值，为发挥好软件和信息技术服务业的基础性、战略性、前沿性作用，为制造强国、网络强国、数字中国建设提供有力支撑。

目录

综 合 篇

行 业 篇

区　域　篇

园　区　篇

企　业　篇

政　策　篇

热 点 篇

展　望　篇

综　合　篇

第一章

2021 年全球软件产业基本发展情况

软件和信息技术服务业是知识和技术的程序化封装产业，是新一代信息技术创新的主战场，是推动数字经济发展的核心引擎。放眼全球，软件产业以信息技术创新为根本，以满足应用需求为目的，向“开源化、智能化、平台化、生态化、融合化”方向持续演进。

2022 年 2 月 Gartner 发布的报告显示，2021 年全球 IT 市场规模增速回升，支出总额约为 4.24 万亿美元，较 2020 年上升 9.5%。与 2020 年相比，2021 年 IT 支出全面恢复增长。云供应商大量投资数据中心，以满足用户对其服务不断增长的需求，这在一定程度上抵消了企业对数据中心支出的减少。2021 年全球数据中心支出规模达 2160 亿美元，增幅明显。数字化转型加速使企业对云服务和应用软件需求居高不下，缓解了新冠肺炎疫情对企业造成的负面影响。2021 年全球企业软件支出规模达 6050 亿美元，较 2020 年上升 14.4%。IT 服务和通信服务为全球 IT 支出最多的两个领域，两者涨幅分别为 10.7%和 3.4%。2020—2022 年全球 IT 支出及预测如表 1-1 所示。

表 1-1　2020—2022 年全球 IT 支出及预测

项　目	2020 年		2021 年		2022 年（预测）	
	支出/10 亿美元	增长率/%	支出/10 亿美元	增长率/%	支出/10 亿美元	增长率/%
数据中心	178	2.5	216	21.3	226	4.6
企业软件	529	9.1	605	14.4	672	11.1
设备	697	−1.5	787	12.9	814	3.4
IT 服务	1071	1.7	1186	10.7	1280	7.9
通信服务	1396	−1.4	1444	3.4	1463	1.3
总　额	3871	0.9	4238	9.5	4455	5.1

数据来源：Gartner（2022.2）。

第一节　技术创新呈现开源化，开放协作成为产业创新主旋律

2021 年，以开放协作为核心理念的开源式创新正成为软件技术创新的主导模式，其能够最大程度地突破创新的时空边界，最广范围地集聚智力资源、产业资源和服务资源，最大可能地缩短“原始创新—产品应用—产业转化”的创新周期。

在技术应用层面，开源已覆盖软件开发的全域场景，“十四五”规划中指出，全球 97%的软件开发者和 99%的企业使用开源软件，基础软件、工业软件、新兴平台软件大多基于开源。预计未来两年，在人工智能、边缘计算、物联网（IoT）等新兴技术领域将出现更多的开源技术应用甚至企业级开源软件。GitHub 2021 年度报告显示，GitHub 2021 年新增了 1600 万的开发者，拥有超过 7300 万开发人员，开源项目的首次贡献者数量逐年增长，2021 年新增 21.3 万首次开源项目贡献者。

在企业发展层面，全球 IT 企业巨头积极投入开源生态建设。GitHub 是全球最大的开源代码托管平台，在其 2020 年度企业开源贡献排名中，谷歌（Google）、微软（Microsoft）、红帽（RedHat）、IBM、英特尔（Intel）位居前五。截至 2021 年 11 月，谷歌与微软参与开源贡献的活跃人数已由 2020 年的五千余人分别增至七千人和八千人。随着开源在各行业应用的不断加深，越来越多行业企业也积极投身开源世界，GitHub 2021 年度报告显示，《财富》世界 500 强排行榜的前 100 家企业中有多达 84 家企业在使用 GitHub 来托管其技术成果。

第二节　产品功能呈现智能化，智能驱动成为产业发展主基调

伴随人工智能技术的不断成熟，集成智能技术的软件创新和应用层出不穷，正快速构建形成基于“软硬一体、虚实结合、人机协同”的智能软件生态体系。在感知传输层，支撑万物互联的感知网络、软件定义网络广泛普及。在平台服务层，面向分布式计算、海量数据处理、智能算法等智能化应用的各类软件及平台持续涌现。在行业应用层，基于机器视觉、语音

识别、深度学习等的智能软件应用加速普及，并带动行业数字化转型步伐不断加快。华为在昇腾系列芯片基底之上，发布 Atlas 系列硬件打通端、边、云，并基于深度学习框架 MindSpore 推出了集面向开发者的 ModelArts 应用开发平台、面向智能终端的 HiAI 开放平台等为一体的智能软件平台体系，通过芯片+硬件+平台+应用场景解决方案实现新业务升级和新领域拓展。

数据的指数级集聚、算力的快速增长、算法的迭代升级，为智能化升级提供了坚实基础。基于智能技术的产品、平台及服务，通过不断的迭代创新提升自身的稳定性和先进性，其发展也为软件产业的持续进步带来更多的应用场景和更大的市场空间。TikTok 凭借着其先进的智能推荐算法成为全球大型社交媒体平台之一，其全球月活跃用户数量已突破 10 亿大关。

第三节　商业模式呈现平台化，平台服务成为产业价值创造之源

2021 年，越来越多的软件企业正在推动从基于产品的服务向基于平台的服务转变，软件平台成为全要素、全产业链和全价值链连接的重要载体。通过平台，企业更便捷地集聚行业共性模型和算法、搭建可视化的开发环境、使用成熟的微服务组件，大大提高软件的开发和服务效率，以响应瞬息万变的市场需求。通过平台，企业可以更广泛地集聚行业创新力量、开放品牌渠道等自有资源、协同开发产品和服务，提升资源配置、产业分工、价值创造的共享协同水平，构建资源富集、多方参与、创新活跃、高效协同的开放共赢服务新生态。

居国内计算机视觉市场份额第一的商汤科技（占 17.4%），正是通过标准软件平台的形式向各行业提供智能服务的，具有模块化灵活性的智能模型根据需要在平台上部署、应用及升级。平台化趋势不仅面向行业市场，近年来在软件开发领域，低代码/无代码平台广受欢迎，借助此类平台无需过多编程基础即可开发软件。公开数据显示，全球低代码市场规模由 2018 年的 56 亿美元快速增长至 2020 年的 84 亿美元。

第四节　企业竞争呈现生态化，生态构建成为产业竞争制高点

随着软件和信息技术服务业在经济社会中渗透力的不断增强，软件向更加综合、广泛的生态圈演变，软件服务围绕主流软件平台体系构造产业生态，产品、资源和服务的生态化趋势日趋明显。以软件平台为主导、聚合生态系统协同效应的全产业生态竞争渐成常态，产业横向、纵向整合步伐加快，使得硬件与软件、内容与终端、应用与服务的一体化整合不断提速。同时，当企业面对产业领域中已形成并壮大的生态系统时，为打破强者愈强的局面，平台生态开放兼容成为快速建立竞争优势的途径。

2021 年 6 月，华为鸿蒙操作系统正式发布，横向上兼容全部安卓应用，吸引应用厂商和内容提供商的加入，打通多种硬件产品交流渠道，通过产品认证不断扩大硬件合作厂商阵营。相隔 4 个月，微软发布新一代操作系统 Windows11，创新性地实现对 Linux 和安卓两大运行环境的集成，以求导入两大体系的创新资源和应用资源，强化生态竞争力。

第五节　产业形态呈现融合化，“软件定义”成为产业成长主脉络

“软件定义”是新一轮科技革命和产业变革的新特征和新标志，“十四五”规划中提出要实施“软件定义”创新应用培育，激发数字化发展需求。伴随着通信网络的升级、各类传感器的部署及智能终端的普及，软件技术和产品广泛渗透到物理世界和人类社会，软件产业与各行业领域的融合进程加速，软件“赋能、赋值、赋智”作用被加倍放大。软件融入产品，通过硬件与系统解耦，增强了产品结构和功能的灵活性、安全性、易扩展性，使产品全生命周期管理变得更加智能。软件融入业务流程，将研发、生产、管理、服务全流程贯穿一体，推动资源的局部优化向全局优化升级。软件融入行业领域，如社交、金融、医疗、交通、电子商务、智慧城市等，引发了多领域、多维度、深层次变革，催生出越来越多的新主体、新业态、新产业。

2021年，软件已不再是过去的软件业，而是各行业领域的软工具、软部件和软装备，软件能力正逐步成为行业企业的核心竞争力。可以看到，国内外传统制造企业纷纷寻求数字化转型，转型过程中的共同特点即是将软件作为重点和抓手，以工业软件固化封装工业知识和生产管理经验，通过构建平台体系转型成为面向行业的解决方案提供商。

第二章

2021 年我国软件产业基本发展情况

全球新一轮科技革命和产业革命加速发展，我国经济转型进入新常态，软件成为引领数字经济发展的重要力量。2021 年，我国软件和信息技术服务业仍然保持稳中有进的整体态势，业务收入实现较快增长，利润总额增速同比提升，产品、服务、安全、嵌入式等门类所包含的子领域日益丰富，新兴平台软件、行业应用软件、嵌入式软件快速发展，基础软件和工业软件产品收入持续增长。

第一节　产业规模效益较快增长，盈利能力稳步提升

2021 年面对新冠肺炎疫情防控形势依然严峻的局面，我国软件和信息技术服务业实现逆势增长，业务收入、利润总额增速持续提升。全国软件和信息技术服务业规模以上企业超过 4 万家，累计完成软件业务收入 94994 亿元，同比增长 17.7%，两年复合增长率为 15.5%，位居国民经济各行业前列。2014　2021 年我国软件业务收入及增长情况如图 2-1 所示。

2020 年、2021 年我国软件业利润总额增长情况如图 2-2 所示。2021 年上半年软件业增速较快，下半年同往年基本持平，行业增速依然保持较高水平。

随着国家创新驱动战略和供给侧结构性改革的深入，创新红利、数据红利、模式红利进一步释放，软件成为引领数字经济发展的重要力量。2014—2021 年我国软件业务收入及其占 GDP 比重情况如图 2-3 所示。从软件业务收入占 GDP 比重看，近年来，中国软件业务收入占 GDP 比重不断攀升，2014 年比重仅为 5.8%，2017 年达到 6.7%，到 2021 年，该数值达到 8.3%。

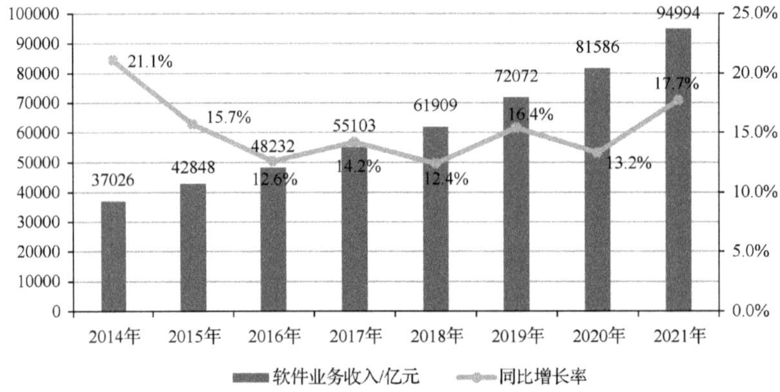

图 2-1　2014—2021 年我国软件业务收入及增长情况

数据来源：工业和信息化部运行监测协调局（2022.1）

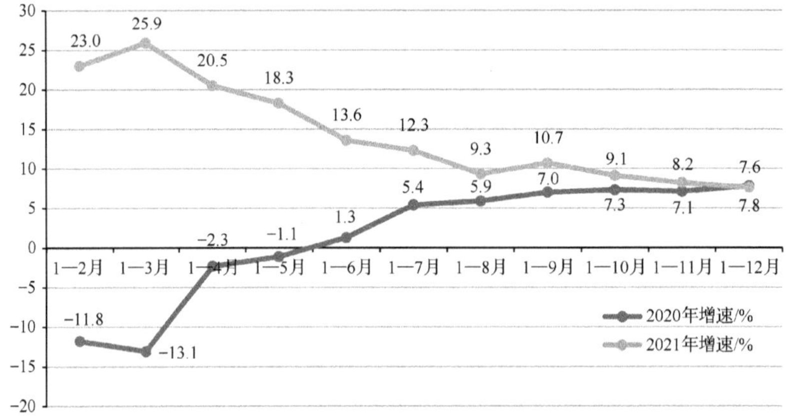

图 2-2　2020 年、2021 年我国软件业利润总额增长情况

数据来源：工业和信息化部运行监测协调局（2022.1）

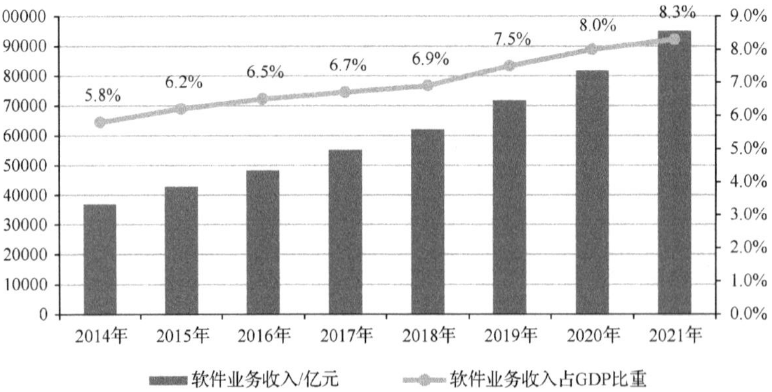

图 2-3　2014—2021 年我国软件业务收入及其占 GDP 比重情况

数据来源：工业和信息化部运行监测协调局（2022.1）

第二节　软件服务引领行业发展，产业结构持续优化

产业服务化转型进一步加快，软件产品和软件服务相互渗透，向一体化软件平台的新体系演变，产业模式则从传统的“以产品为中心”向“以服务为中心”转变。

软件产品收入平稳较快增长。2021 年，软件产品收入 24433 亿元，同比增长 12.3%，增速较上年同期提高 2.2 个百分点，占全行业收入比重为 25.7%。其中，工业软件产品实现收入 2414 亿元，同比增长 24.8%，高出全行业水平 7.1 个百分点。

信息技术服务收入增速领先。2021 年，信息技术服务收入 60312 亿元，同比增长 20.0%，高出全行业水平 2.3 个百分点，占全行业收入比重为 63.5%。其中，云服务、大数据服务共实现收入 7768 亿元，同比增长 21.2%，占信息技术服务收入的 12.9%，占比较上年同期提高 4.6 个百分点；集成电路设计收入 2174 亿元，同比增长 21.3%；电子商务平台技术服务收入 10076 亿元，同比增长 33.0%。

信息安全产品和服务收入增长加快。2021 年，信息安全产品和服务收入 1825 亿元，同比增长 13.0%，增速较上年同期提高 3 个百分点。

嵌入式系统软件收入涨幅扩大。2021 年，嵌入式系统软件收入 8425 亿元，同比增长 19.0%，增速较上年同期提高 7 个百分点。

2021 年我国软件业分类收入及增长情况如图 2-4 所示。2021 年我国软件业分类收入占比情况如图 2-5 所示。2021 年我国软件业分类收入各月增长情况如图 2-6 所示。

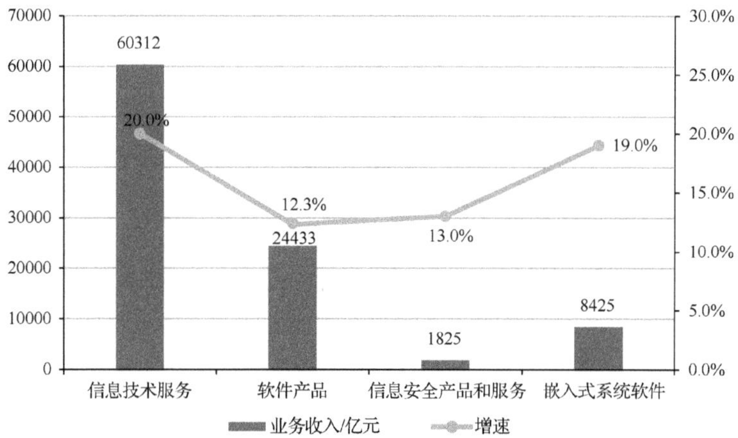

图 2-4　2021 年我国软件业分类收入及增长情况

数据来源：工业和信息化部运行监测协调局（2022.1）

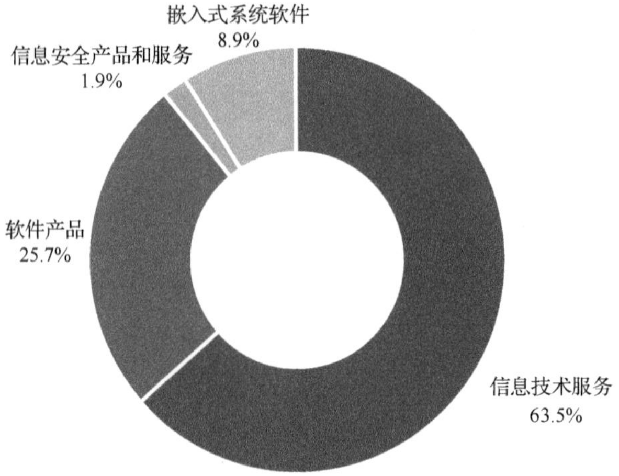

图 2-5　2021 年我国软件业分类收入占比情况

数据来源：工业和信息化部运行监测协调局（2022.1）

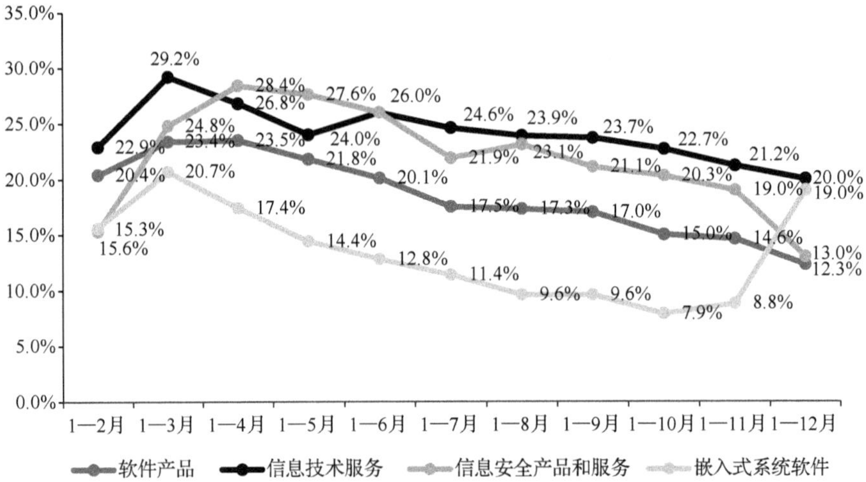

图 2-6　2021 年我国软件业分类收入各月增长情况

数据来源：工业和信息化部运行监测协调局（2022.1）

第三节　软件出口形势好转，外包服务收入好转

相较上一年度出口规模的增长乏力，2021 年软件业出口规模显著回升，行业全球化、向外走出去的步伐正在加快。2021 年，软件业务出口 521 亿美元，同比增长 8.8%，两年复合增长率为 3.0%。其中，软件外包服务出口 149 亿美元，同比增长 8.6%；嵌入式系统软件出口 194 亿美元，同比增长 4.9%。

从图 2-7 所示的 2014—2021 年我国软件业出口增长情况看，我国软件业出口规模增速波动较大。出口规模从 2014 年的 487 亿美元增长到 2021 年的 521 亿美元。

图 2-7　2014—2021 年我国软件业出口增长情况

数据来源：工业和信息化部运行监测协调局（2022.1）

从月度出口增长情况看，2021 年 1—12 月出口情况较为平稳，整体相较上年同期有所上升。

第四节　中西部地区增势良好，产业集聚效应凸显

2021 年，我国软件产业区域发展呈现东部地区持续领先、中西部地区增势突出的态势。2021 年，东部、中部、西部和东北地区分别完成软件业务收入 76164 亿元、4618 亿元、11586 亿元和 2627 亿元，同比分别增长 17.6%、18.9%、19.4%和 12.1%，如图 2-8 所示。其中，中部、西部地区分别高出全国平均水平 1.2、1.7 个百分点。4 个地区的软件业务收入在全国总收入中的占比分别为 80.2%、4.9%、12.2%和 2.8%。

主要软件大省收入占比进一步提高，部分中西部省市增速亮眼。2021 年，软件业务收入居前 5 名的北京、广东、江苏、浙江、山东共完成收入 62692 亿元，占全国软件业务收入比重为 66.0%，占比较上年同期提高 1.2 个百分点。软件业务收入增速高于全国平均水平的省市有 15 个，其中增速高于 30%的省份集中在中西部地区，包括贵州、广西、山西等。2021 年我国软件业务

收入居前 10 名的省市收入及增长情况如图 2-9 所示。

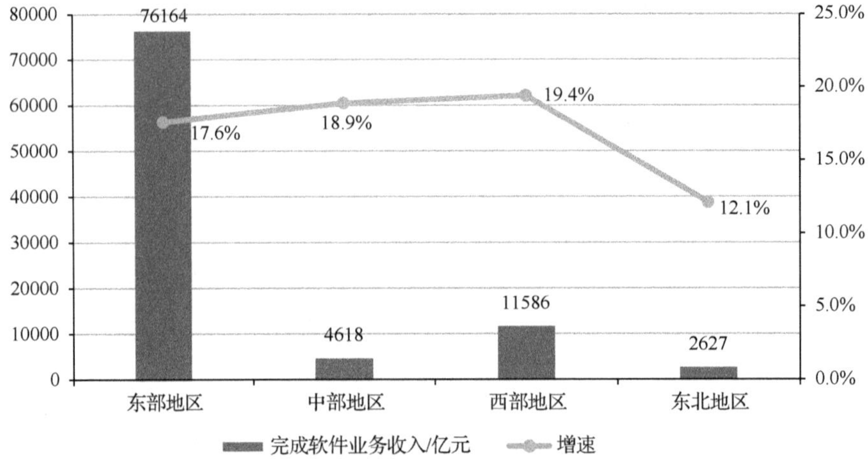

图 2-8　2021 年我国软件业分区域收入及增长情况

数据来源：工业和信息化部运行监测协调局（2022.1）

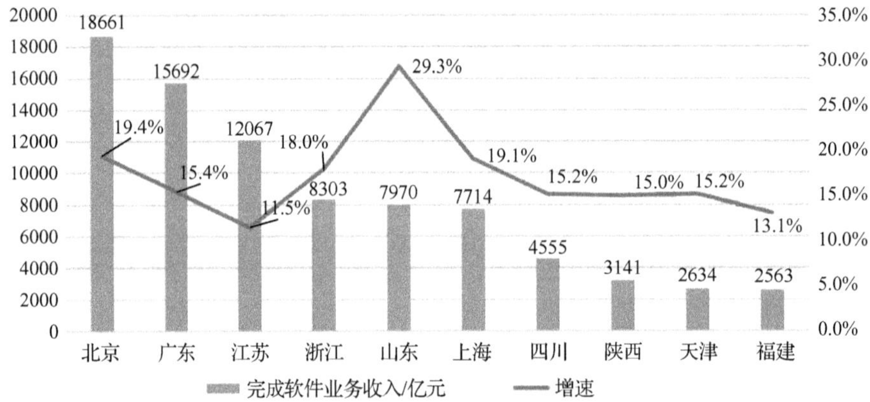

图 2-9　2021 年我国软件业务收入居前 10 名的省市收入及增长情况

数据来源：工业和信息化部运行监测协调局（2022.1）

中心城市软件业集聚发展态势更加明显，收入增长加快，利润总额平稳增长。2021 年，全国 15 个副省级中心城市实现软件业务收入 49540 亿元，同比增长 16.3%，增速较上年同期提高 3.3 个百分点，占全国软件业务收入比重为 52.2%；实现利润总额 6403 亿元，同比增长 4.5%，增速较上年同期回落 0.5 个百分点。其中，杭州、青岛、济南和广州软件业务收入同比增速超过全行业平均水平。14 个软件名城共计实现软件业务收入 74461 亿元，占全国软件业务收入比重达到 78.4%。2021 年我国软件业务收入居前 10 名的副省级中心城市收入及增长情况如图 2-10 所示。

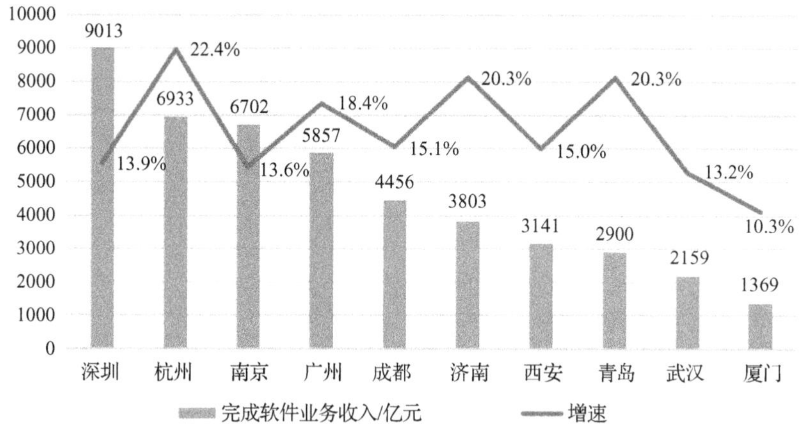

图 2-10　2021 年我国软件业务收入居前 10 名的副省级中心城市收入及增长情况

数据来源：工业和信息化部运行监测协调局（2022.1）

第五节　研发投入不断增强，从业队伍持续壮大

我国坚持企业在软件技术和产品中的主导地位，企业研发投入不断增长，呈现“龙头领先、中小微跟进”的趋势。2020 年，我国软件百强企业研发投入合计 3967 亿元，同比增长 23.4%，高于同期软件业务收入增速 6.7 个百分点，平均研发投入强度超过 10%。龙头企业软件著作权登记量为 5.4 万件，获授权专利数量为 28 万件，其中发明专利占比超过 70%。我国软件企业一方面着力夯实产业基础，聚焦操作系统与芯片、数据库、中间件及各类应用软件的集成、适配、优化；另一方面，也在积极培育新动能，以云计算、大数据、人工智能、5G 等领域的新兴软件为牵引，不断加快发展平台软件。同时，加快构建开源创新生态，通过开源社区、开源平台进一步完善协作创新体系。

我国软件产业从业人员呈现稳增长、高产出的特征。2021 年，我国软件业从业人员平均人数 809 万人，同比增长 7.4%；从业人员工资总额同比增长 15.0%，两年复合增长率为 10.8%。从地域分布看，中国软件名城或中国软件名城创建试点城市是软件人才就业的主要目的地。全国约 72.1%的从业人员集聚于北京、上海、深圳、广州、杭州、成都、南京、西安、武汉、重庆和苏州等城市。从年龄分布看，35 岁以下从业人员是产业发展的中坚力量，整体占比超过 70%。从教育背景看，本科学历人才是软件产业发展的主力军，而高层次人才占比仍有上升的空间。2020 年、2021 年我国软件业从业人员工资总额增长情况如图 2-11 所示。

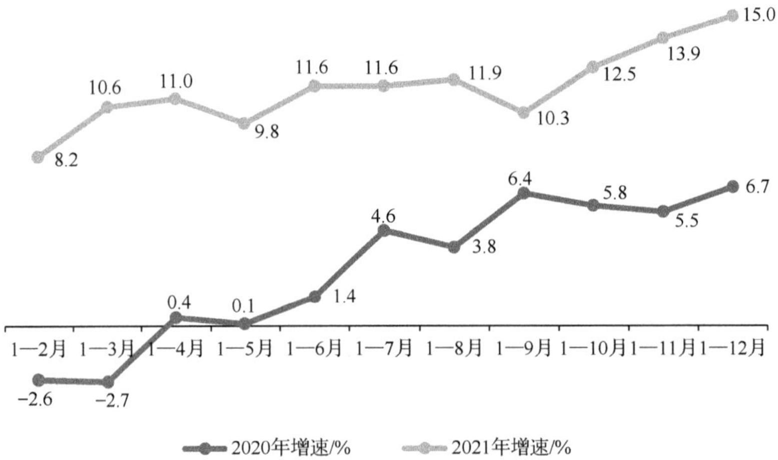

图 2-11　2020 年、2021 年我国软件业从业人员工资总额增长情况

数据来源：工业和信息化部运行监测协调局（2022.1）

行　业　篇

第三章

基础软件

基础软件主要包括操作系统、数据库、中间件、办公软件等。基础软件是新一代信息技术产业发展的基础引擎，在软件和信息技术服务业中扮演着至关重要的角色。基础软件既是国民经济建设信息化、数字化、智能化的中枢环节，也是新型基础设施建设的重要支撑力量。积极推动国产基础软件发展，对于加快数字经济发展、推动数字中国建设、提升国家安全保障能力具有重要意义。

第一节　发展情况

（一）操作系统领域

我国操作系统产品收入继续维持平稳增长态势。根据 StatCounter 统计，截至 2021 年 12 月，在全球操作系统市场中，Windows 的占有率为 73.72%，macOS 为 15.33%，而 Linux 为 2.09%，其中 Windows 系统中，Windows10 的占有率为 82.49%，Windows7 的占有率为 12.91%。根据百度统计流量研究院统计，截至 2021 年 12 月，国内操作系统市场分布与全球情况有较大不同：Windows 的占有率为 84.5%，macOS 和 Linux 分别为 5.9%、0.6%，其中 Windows 系统中，Windows10 的占有率为 64.38%，Windows7 的占有率为 31.9%。虽然国产操作系统市场占有率相比国外主流产品仍有差距，但围绕国产操作系统的产业生态建设不断加快，产业链上下游配合愈发紧密。在主流计算平台不断演进的当下，各种各样新的操作系统产品不断涌现，云、卫星、超算、智能网联汽车等设备或平台催生出各种各样对操作系统的新需求。国产操作系统如麒麟、欧拉（openEuler）、UOS 等，可以配合上游国产芯片，满足对下游应用场景的实际使用需要，正逐渐成为国内自主产业生态的“中流砥柱”产品。除传统计算机操作系统企业外，终端制造、互联网服务等领域大型 IT 企业也在不断加大操作系统研发投入，推动操作系统向物联网、车联网领域进发。中移物联网公司发布中国移动物联网操作系统——中移 OneOS，具有可裁剪、跨平台、低能耗、高安全等特点。在移动操作系统领域，华为鸿蒙 OS2.0 已面向内存 128KB～128MB 的终端设备开源，且在未来将陆续面向内存 128MB～4GB 的终端设备及 4GB 以上的所有设备开源。

（二）数据库领域

海量数据的爆发带来对数据库的大量需求。IDC 预测，全球数据量总和将从 2018 年的 33ZB 增至 2025 年的 175ZB，信息数据呈爆发增长态势。根据前瞻产业研究院报告和 IDC 预测，未来 5 年，全球数据库市场可以继续保持年复合增长率 21%的高速增长趋势，2026 年市场规模将达到约 2089 亿美元。根据 IDC 报告，2021 年上半年中国关系型数据库软件市场规模为 11.9 亿美元，整体市场同比增长 37.2%。其中，公有云关系型数据库规模为 6.7 亿美元，同比增长 50.1%；本地部署关系型数据库规模为 5.2 亿美元，同比增长 23.7%。IDC 预测，到 2025 年中国关系型数据库软件市场规模将达到 76.7 亿美元，未来 5 年市场年复合增长率为 30.4%。中信证券预测，到 2024 年中国数据库市场规模为 533 亿元。2021 年，在国家政策的持续引导和支持下，国内老牌数据库厂商继续稳步前进，而互联网公司入局研发的新型数据库正不断取得新的突破。老牌数据库厂商如人大金仓、神州通用、南大通用、武汉达梦等，研发的自主数据库产品已在政府、国防、交通、物流、教育、金融、通信、医疗卫生等多个领域得到应用。大数据、云计算、人工智能带来的技术革新给予我国数据库厂商新的创新空间，国产数据库企业在可靠性、易用性等方面不断拓宽业务空间，并结合新技术革新推动数据库云化、服务化。如今，国产数据库进入一个百花齐放、百家争鸣的时代。巨杉数据库和 PingCAP 接连完成 D 轮融资，时序数据库在开源后连续一周排在 GitHub 全球趋势榜第一，柏睿数据荣获“国产数据库领域最佳产品”。

（三）中间件领域

云计算、物联网、人工智能等技术持续推动数字技术与产品的商业模式发生重大转变，也在不断影响全球知名企业加大在中间件领域的投入。国外知名中间件厂商主要包括甲骨文（Oracle）、IBM、微软、亚马逊（Amazon）和 Salesforce。其中，IBM 和 Oracle 在中间件领域布局较早，通过不断强化自身研发与商业并购，目前已基本稳居市场占有率头部位置。国内主要的中间件厂商包括东方通、宝兰德等，此外还有中创股份、普元信息、金蝶天燕等多家从事中间件产品研发、销售的公司。其中，东方通主要面向企业级客户，集中在政府、金融、电信等行业领域，在一众国内厂商中其市场占有率最高，特别是在政府领域，其产品的竞争力明显；宝兰德的客户主要集中在电信行业领域；而普元信息以定制化平台和应用开发为主，主要客户为金融行业的企业客户。可以预见，随着国内软件基础平台厂商技术实力的提升及云和大数据基础设施产品需求的快速增长，国产中间件的发展速度将持续加快。未来随着信息技术的持续发展及传统行业数字化转型需求的不断释放，国内中间件市场规模将保持稳定增长。考虑到中间件又与数据库和操作系统等捆绑销售的情况，实际市场会更大。根据华为发布的《鲲鹏计算产业发展白皮书》，未来国内中间件市场规模 5 年复合增速可能达到 16%，而 IBM、Oracle 中间件在中国市场中的份额分别为 42.8%和 36.2%。由此可见，中间件的国产替代空间仍然巨大，国内厂商发展仍存在重大机遇。

（四）办公软件领域

根据 MarketWatch 数据，2021 年全球办公软件市场规模为 235 亿美元，预计 2028 年将达到 374 亿美元，年复合增长率为 6.9%。而艾媒咨询数据显示，2021 年中国协同办公市场规模达到 264.2 亿元。在 2022—2023 年间，预计中国协同办公行业将保持每年 10%以上的增长率，2023 年的市场规模将达到 330.1 亿元。由于办公软件产品技术门槛较高，目前在办公软件领域存在的厂商数量并不算多。国外相对主流的办公套件产品主要有 Microsoft Office（微软）、Google Workspace（旧称 G Suite）（谷歌）、iWork（苹果）等，而国产办公软件又以 WPS Office（金山办公）、永中 Office（永中软件）、中标普华 Office（中标软件）为主。相较国外产品，国产办公软件企业通过提高产品兼容性和持续研发创新，积极匹配国内用户个性化需求，不断优化用户体验，凭借更灵活的定价策略和便利的售后服务，近年来在办公软件桌面市场份额方面取得了显著突破。以金山办公的 WPS Office 为例，其研发的 Linux 版本已经全面支持国产 PC 架构（如申威、飞腾、兆芯等自主芯片）和 UOS、麒麟等国产操作系统，现已经在政府、金融、能源、航空等多个重要领域得到全面应用，特别是在央企、国有银行、股份银行等重点企业中的市场占有率已超过 85%。

第二节　发展特点

（一）国产操作系统厂商加速发展

受益于国家政策支持和市场需求扩张，国产操作系统厂商迎来快速发展机遇，成长势头迅猛。近两年，麒麟软件、统信软件的人员规模均由 200～300 人扩充至 2000 余人，两家企业的营收规模均由千万级分别增长至 2021 年的 11.34 亿元和 6.8 亿元。同时，国产操作系统企业着力推进技术研发，麒麟软件先后申请专利 551 项，其中授权专利 214 项，登记软件著作权 553 项，主持和参与起草国家、行业、联盟技术标准 60 余项，并已完成 CMMI5 级认证。除传统操作系统厂商外，华为、阿里巴巴等企业也在发力国产操作系统市场，建设根技术社区。openEuler 社区于 2019 年 12 月底正式开源上线，并于 2020 年 12 月组建社区理事会，麒麟软件、统信软件、飞腾、中科院软件所等软硬件厂商和科研院所为理事会成员。openEuler 社区旨在通过社区合作，打造创新平台，构建支持多处理架构、统一和开放的操作系统。OpenAnolis 社区成立于 2020 年 9 月，理事会成员包括统信软件、飞腾、海光、中国联通等厂商，社区的短期目标是开发 Anolis OS 8 并将其作为 CentOS 替代版，长期目标是打造面向未来的操作系统。自成立以来，我国根技术社区规模快速壮大，以 openEuler 社区为例，社区贡献者已超过 8000 人，成立近百个 SIG（特别兴趣小组）。

（二）云数据库成为上云企业最佳选择

传统商业数据库因其价格昂贵、运维难度大、扩展性和可用性低，正逐步受到新型云数据库的挑战。特别是在企业加快上云的大背景下，云数据库因具备云计算的弹性能力，以及开源数据库的易用、开放等特点，逐步成为企业数据库的另一选择。可以预见，未来云数据库将成为数据库的另一种重要形式。以国内数据库产品为例，华为 openGauss 数据库自 2020 年开源以来，全球下载量超过 50 万，遍布全球 81 个国家、558 个城市。海量数据、云和恩墨、神舟通用等多家公司都基于 openGauss 推出了商业发行版。2021 年，阿里巴巴的云原生数据库 PolarDB 入选“人民匠心 2021 年度推荐技术案例”。

这是 PolarDB 继荣获中国电子学会科技进步一等奖之后再获权威认可。

（三）移动办公与远程办公为国产办公软件弯道超车创造了良好契机

金山办公的 WPS Office 此前受限于 Microsoft Office 产品在全球的实质性垄断，一直以来在市场占有率方面不温不火，产品的市场应用推广一直受挫。由于新冠肺炎疫情反复出现而形成的远程办公习惯，以及其出色的云服务能力，金山办公的 WPS Office 逐步在办公软件这一细分领域显现其竞争力。从国内移动办公市场看，WPS Office 产品具备明显的领先优势，遥遥领先于其他竞争对手。随着其移动版产品的持续打磨，移动版与桌面版的协同体验不断完善，使 WPS Office 得到国内众多消费者的一致好评。而在面向 Linux 环境的办公软件中，WPS Office 的发展势头也是最迅猛的。微软基本没有推出相关产品，而永中软件、中标软件等国内竞争对手的办公软件，相比金山办公的 WPS Office 仍存在较大差距，WPS Office 的头部效应愈发凸显。

第四章

工业软件

工业软件是针对工业领域场景或应用开发，面向研发设计、业务管理、生产调度和过程管控等工业领域各环节的指令集合。工业软件的两类“嵌入”形态趋势显著：一类是工业领域的嵌入式实时操作系统、数据库、中间件等嵌入式软件支撑离散型和流程型工业控制系统，另一类是传统工业软件云化“嵌入”到工业互联网 PaaS 平台层成为工业 App 新模式。2021 年来，解决核心工业软件“卡脖子”难题日益紧迫，产业基础再造的政策措施逐步落地实施。2021 年，我国工业软件内需动力持续提升，供给能力进一步优化，工业软件产品实现收入 2414 亿元，同比增长 24.8%，为智能制造、工业互联网和新兴技术深度融合提供了关键共性基础。

第一节 发展情况

（一）产业规模

2021 年，随着《“十四五”软件和信息技术服务业发展规划》《“十四五”信息化和工业化深度融合发展规划》《“十四五”智能制造发展规划》等一系列政策的密集发布，我国工业软件发展政策开启发力模式，工业软件核心产品供给、行业迭代应用和市场满足率成为政策着力点，工业强基工程进入发展快车道，工业软件迎来政策窗口期。随着“工业软件”重点专项 2021 年度项目申报的有序开展，首届工控中国大会暨工业软件产业链供需对接会在苏州举行，各主管部门着力从产学研协同发展、商业化和产业化层面深度推动工业软件高质量发展。公开资料显示，2017 年至 2020 年我国工业软件市场规模分别为 1293 亿元、1477 亿元、1720 亿元和 1974 亿元，2021 年工业软件产品突破两千亿元关口，实现收入达 2414 亿元，高于全行业平均水平。2017—2021 年中国工业软件市场规模及增速如表 4-1 所示。面对错综复杂的国外技术竞争格局和国内新冠肺炎疫情的断续影响，我国工业软件市场发展稳健，保持了高位运行的增长势头。赛迪智库预计，2022 年随着工业软件研发投入和市场推广深化展开，我国工业软件产业将逐步克服疫情和技术影响，规模预计达到 2993.4 亿元。

表 4-1　2017—2021 年中国工业软件市场规模及增速

项　目	2017 年	2018 年	2019 年	2020 年	2021 年
市场规模/亿元	1293	1477	1720	1974	2414
同比增长	—	14.2%	16.5%	14.8%	22.3%

数据来源：赛迪智库整理（2022. 4）。

（二）产业结构

工业软件按照关键功能可划分为四类，分别是研发设计软件、生产控制软件、运营管理软件和工业嵌入式软件。其中，研发设计软件主要包括电子设计自动化（EDA）、计算机辅助设计（CAD）、计算机辅助工程（CAE）、建筑信息模型（BIM）、产品生命周期管理（PLM）等；生产控制软件包括制造执行系统（MES）、数据采集与监视控制（SCADA）系统、分散式控制系统（DCS）、安全仪表系统（SIS）、可编程逻辑控制器（PLC）、现场总线控制系统（FCS）等；运营管理软件包括企业资源计划（ERP）、企业资产管理（EAM）、客户关系管理（CRM）、人力资源管理（HRM）、供应链管理（SCM）等；工业嵌入式软件主要有通信设备、消费电子、工业控制和汽车电子四大类。从细分市场来看，我国运营管理软件本土化优势大、实力雄厚；生产控制软件在特定行业和特定细分软件产业中逐步脱颖而出；工业嵌入式软件依托新一代信息技术产业融合发展势头强劲；研发设计软件虽实力不足，但核心技术正逐步突破并实现商业化。

第二节　发展特点

（一）政策推动特点

工业软件是我国工业数字化、网络化和智能化的载体，也是我国制造强国和网络强国的工业基础工具，随着我国在“十四五”期间部署实施产业基础再造工程，工业软件政策推动力度达到历史峰值。党中央、国务院及各部委高度重视软件产业，尤其是事关工业信息化命脉的工业软件产业。2021 年，工业和信息化部印发《“十四五”软件和信息技术服务业发展规划》，提出综合多种举措，合力发展工业软件，着重布局影响产业链企业的研发生产工具、建模仿真组件和共性开发工具及算法模型库；加强供需对接，坚持“好软件是用出来的”，鼓励研用双方强化供需对接和交流推广；强化合作创新，提倡以工业软件龙头企业为牵引，联合大型工业企业、高校院所和各类科研单位创建联合创新体。在工业软件人才层面，《特色化示范性软件学院建设指南（试行）》瞄准大型工业软件人才，聚焦国家大型工业软件产业发展重点，培育建设工业软件等特色化示范性软件学院，明确工业软件学院的定位、建设思路和体制机制，遴选 14 家高校围绕大型工业软件方向开展学院建设。在工业软件生态层面，工业软件协同攻关和体验推广中心持续运作，产学研各界形成协同攻关联合体，聚焦关键核心技术，面向关键行业和应用场景，搭建研发、验证、测试和应用集成平台。

（二）企业发展特点

我国工业软件市场国内外企业实力悬殊。我国本土工业软件企业和国外工业软件企业在企业规模和研发实力层面整体上对比悬殊，发展国产化工业软件仍任重道远。一方面，国外工业软件企业垄断我国高端工业软件市场。达索系统、西门子、罗克韦尔、施耐德、Autodesk、PTC、思爱普（SAP）、Oracle、ABB 等大型工业软件龙头企业主要占据着研发设计和生产控制软件高端产品市场，攫取大多数市场利润。另一方面，国外工业软件企业综合实力远超本土企业。从研发实力看，国外企业牢牢掌握着关键核心技术，通用性平台级软件市场占有率高，全面的软件系统支持形成各行业解决方案。从软件产品营业收入看，达索系统近年营收达 314 亿元，Autodesk 为 226 亿元，而中望软件只有 4 亿元。

我国生产控制软件企业发展势头稳健。生产控制软件企业直接关乎工业现场级、车间级和工厂级数字化转型成效，我国生产控制软件企业发展态势良好，正孕育出一批龙头企业，支撑我国自动化企业高质量发展。在制造执行系统细分市场中，不同行业背景的制造执行系统研发商在特定行业中占据优势地位，宝信软件在我国钢铁冶金制造执行系统领域为龙头企业，石化盈科在石油化工制造执行系统领域为行业龙头。在分散式控制系统细分市场中，中控技术正逐步崛起为国内自动化控制系统龙头企业，其在国内分散式控制系统市场中的份额在 2010 年是 12%，到 2019 年稳步提升到 27%，连续 9 年保持市场占有率第一。在可编程逻辑控制器细分市场中，信捷电气、汇川技术等本土企业基于 OEM 市场突破口，市场占有率逐年升高，技术层面由小型到大型可编程逻辑控制器进口替代的趋势明显。

我国研发设计软件企业短板断链明显。研发设计软件是实现中国智造及正向设计的基础工具，具有核心技术密集、产业生态要求高、市场壁垒高等特点，是我国工业软件发展的短板环节和断链领域。从国外企业发展特点看，达索系统、西门子、PTC 等高端研发设计软件企业通过内生增长和并购重组双轮驱动，实现大型研发设计软件的功能集成，形成大型平台和一站式行业解决方案，并购重点集中在仿真软件，深化应用于数字孪生和工业互联网技术。从国内企业发展特点看，中望软件、数码大方、华天软件、华大九天等研发设计软件企业在三维几何内核、核心求解器和全流程设计平台等方面存在结构性短板，导致工业设计环节存在产业链断链现象，三维设计仿真和高端芯片设计能力式微。

（三）技术发展特点

我国工业软件技术研发锚定基础化。我国工业软件历经政府主导培育、市场充分竞争、补足基础短板 3 个阶段的艰苦发展，技术研发的战略定力重新稳固，技术研发锚定基础化。工业软件基础技术重新借助新型举国体制优势，同时结合“揭榜挂帅”攻关新机制。在顶层设计层面，“十四五”规划中，解决基础软件瓶颈短板被纳入制造强国战略，“加强工业软件研发应用”被明确提及，以集成电路设计工具为核心的工业软件成为科技前沿攻关领域。在战略定位层面，工业软件被定性为工业基础和产业基础。工业软件在过去 4 个产业基础之上，被追加纳入“工业五基”，研发工业软件是提升产业基础能力的关键内容。

我国工业软件开发应用协同生态走向开源化。我国工业软件开发应用协同生态正走向开源化，以满足工业软件持续迭代需要，重点解决国产化软件“用起来”的难题。从科学技术部工业软件和“网络协同制造和智能工厂”重点专项看，开源成为高频词并成为协同研发趋势。开源软件理论与方法成为三维设计和仿真软件的解决方案，通过开源仿真计算方法、开放数据接口标准、融合开源软构件，培育形成我国 CAE 开源软件生态；通过研发自由曲线曲面设计与求交等开源软件工具，攻克我国 CAD 几何引擎稳定性差等关键性问题。

我国工业软件企业商业模式仿效订阅化。我国工业软件企业商业模式正从“一次买断”向“持续订阅”服务模式转变，通过订阅服务模式，建立和维系开发商和客户间长期稳定的合作关系，培养国产工业软件使用习惯，形成国内用户客户群。国外大型工业软件企业在 21 世纪初就开始云化、订阅化转型，2020 年 Autodesk 宣布停售基于序列号的许可方案，历时十多年的订阅化转型基本定型。我国工业软件企业也逐步仿效国外先进的商业模式，如广联达在国内部分区域启动年费订阅模式，和应用企业实现共赢合作、迭代优化。

第五章

信息技术服务

第一节　发展情况

信息技术服务是以软件技术、网络技术等信息技术为支撑提供的对信息采集、存储、传递、处理及应用等服务性工作的总称。

（一）产业规模

2021 年，在国家政策、数字经济和新兴技术的驱动下，我国信息技术服务业平稳向好发展，收入增速持续领先。工业和信息化部数据显示，2021 年，我国信息技术服务收入 60312 亿元，同比增长 20.0%，高出全行业水平 2.3 个百分点，占全行业收入比重为 63.5%。2016—2021 年我国信息技术服务业规模及增速如图 5-1 所示。

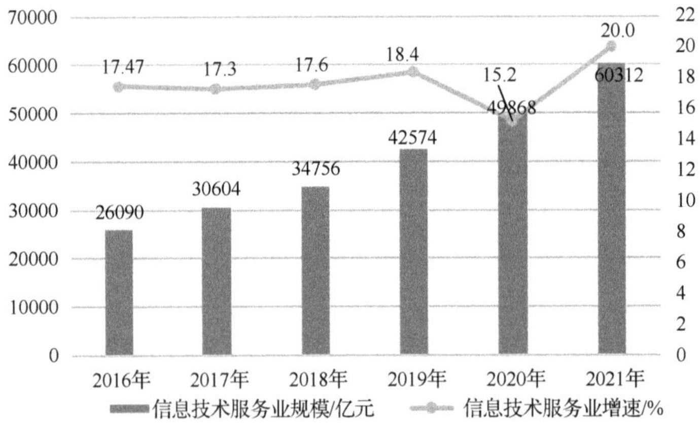

图 5-1　2016—2021 年我国信息技术服务业规模及增速

数据来源：工业和信息化部官网（2022.1）

（二）产业结构

根据《国民经济行业分类》（GB/T 4754—2017）（2019 年修改版），软件和信息技术服务业可分为软件开发、集成电路设计、信息系统集成和物联网技术服务、运行维护服务、信息处理和存储支持服务、信息技术咨询服务、数字内容服务、其他信息技术服务业。

2021 年，信息技术服务业发展态势良好，收入增速持续领先全行业。其中，云服务、大数据服务实现收入 7768 亿元，同比增长 21.2%，占信息技术服务收入的 12.9%，所占比重较 2020 年同期提高 4.6 个百分点；集成电路设计实现收入 2174 亿元，同比增长 21.3%；电子商务平台技术服务实现收入 10076 亿元，同比增长 33.0%。

（三）产业创新

2021 年，5G、云计算、人工智能、区块链、数字孪生等新一代信息技术的应用为信息技术服务提供了新的实现手段，促进信息技术服务新模式新业态不断涌现，持续向多元化方向发展。一是数据成为重要服务资源。数据的爆发式增长推动数据服务快速发展，围绕数据生成、采集、加工、分析、服务、安全、应用、评估等各环节的数据服务产品不断涌现，科学、合理、有效地利用数据成为现代信息技术服务进一步深化发展的关键。二是数字内容服务发展迅速。受新冠肺炎疫情影响，多数线下活动被迫暂停，线上活动却愈发活跃，电商直播、云展会等网络化、数字化营销手段日益丰富，推动数字内容服务爆发式增长。三是区块链服务备受关注。区块链在隐私保护方面独具优势，已在供应链管理、政务数据共享等领域拥有一批代表性应用。为构建安全可信环境、推动数字经济新规则和新秩序建立，产业界积极探索区块链服务模式，推动区块链服务成熟发展。

第二节　发展特点

（一）规模特点

行业继续呈现平稳向好发展态势，收入规模和增速均处于领先地位。从收入规模来看，2021 年信息技术服务实现收入 60312 亿元，占全行业收入比重为 63.5%，相较软件产品收入、信息安全产品和服务收入、嵌入式系统软件收入所占比重分别高出 37.8、61.6、54.6 个百分点。从收入增速来看，2021 年信息技术服务收入同比增长 20.0%，增速高出全行业水平 2.3 个百分点，相较软件产品收入、信息安全产品和服务收入、嵌入式系统软件收入增速分别高出 7.7、7.0、1.0 个百分点。信息技术服务在新冠肺炎疫情暴发期间展现出了强大的发展潜力和发展韧性，成为拉动我国经济增长的重要引擎，对国民经济社会发展的支撑和引领作用更加凸显。

（二）结构特点

服务逐渐向产业链前后端延伸。信息技术服务范畴逐步向信息产业的产业链前后端延伸，由传统的产品模式向软件服务模式迭代升级，设计开发服务、IT 咨询服务等市场规模持续扩张，综合 IT 解决方案成为信息技术服务商的主要竞争优势。例如，2021 年，宇信科技为银行客户提供零售业务数字化转型的整体解决方案，形成移动 App、数字化营销、客户成长体系、权益管理平台及绩效考核体系全覆盖。随着我国信息技术服务应用领域的不断扩展深化，信息技术服务向产业链前后端延伸的空间将会进一步扩大。

服务加速云化发展推动新增长。随着国内基础设施层（IaaS）建设部署日益完善，平台层（PaaS）和应用层（SaaS）的发展会引发大量新产品和新服务，云计算、大数据、物联网、人工智能等技术加速落地，融合这些技术的云计算平台将逐渐成为主流基础设施，推动更多企业使用云平台，通过云计算实现业务数字化、智能化转型。例如，三一重工使用腾讯云实现生产、质量控制流程自动化。2021 年，云服务市场繁荣发展，BAT（B 指百度，A 指阿里巴巴、T 指腾讯）、华为云、移动云等营收增长迅速。未来，企业对云服务的需求将会持续扩大，云服务市场拥有广阔的发展空间，云服务将替代传统 IT 服务，推动信息技术服务业实现新的增长。

运维服务向一体化智能化发展。企业 IT 架构日趋复杂，数据量持续增长，人工智能技术迅速发展，推动 IT 运维逐步进入 DevOps 和 AIOps 阶段，主要应用场景包括异常警告、故障分析、趋势预测等。IT 运维正在探索 AIOps 的更多应用场景，建设多场景串联的流程化免干预运维能力。例如，昆仑银行通过构建人员、技术、信息系统、流程、服务标准为一体的智能运维体系，使运维工作实现自动化、智能化，从而开拓“第二增长曲线”。随着人工智能技术的进一步发展，AIOps 加快落地并快速发展，以有效提升客户 IT 运维效率及自动化、智能化水平。

数据服务加速与实体经济融合。在数字经济时代，数据已成为重要的生产要素和国家基础性战略资源，在经济社会活动中发挥日益重要的作用。随着信息技术赋能产业转型升级的需求不断深化，数据要素的重要性进一步凸显，数据服务与实体经济各领域渗透融合全面展开，覆盖数据采集、存储、处理、分析、应用和可视化的数据服务及推动数据加快流通交易的数据资产评估服务产业格局不断完善。2021 年，阿里云 DataStudio、腾讯云 WeData 等数据开发平台相继推行，帮助企业进行数据开发，实现数字化转型。未来，在国家政策和技术进步的推动下，我国数据服务与实体经济的融合将会进一步深化。

（三）市场特点

工业领域信息技术服务发展加速。随着传感技术、物联网通信技术、大数据、云计算等的快速发展，物联网持续向工业领域渗透融合，深刻变革了工业和制造业企业在研发、生产、管理、服务等方面的活动，提高了生产制造的自动化、智能化水平。例如，中京电子通过建设数字化工厂，使多道工序实现全自动化、智能化，降低了人工成本，提高了工艺精密度；宝钢股份的“灯塔工厂”通过需求预测与高级分析技术自动制定生产计划，借助工业互联网技术实现智慧生产。信息技术服务在工业领域的应用，将持续推动工业生产、制造向自动化、智能化发展，带动工业转型升级，培育新竞争优势。

服务提供商向客户合作伙伴转型。行业用户对信息化的需求不断提升、对信息技术的认知持续深入，迫使信息技术服务提供商不仅需要具备扎实的 IT 服务技能，还需要具备更深层次的行业知识沉淀。因此，信息技术服务提供商与行业用户之间的关系愈发紧密，逐步由单纯的乙方机构向甲方的合作伙伴转变。例如，中软国际制定“供应商发展计划”，围绕华为新发展阶段业务需求，建立“Co-sell”模式战略合作；作为腾讯互动娱乐事业群（IEG）的重要供应商，帮助其拓展海外游戏业务；与阿里巴巴合作，开拓高德地图、阿里云 GTS 金融等多个新业务领域。通过合作伙伴模式，信息技术服务提供商可以根据用户需求提供更加精准性的个性化服务，与客户携手共同创造新价值。

第三方运维服务市场认可度提升。原厂服务商提供的运维服务多受限于自身产品，服务对象和内容相对单一，无法满足日益复杂、具备异构化特征的 IT 应用环境。而第三方运维服务商具备较为全面的异构平台运维能力、较完备的服务支撑体系及丰富的行业经验，能够为客户提供个性化、专业化服务，且在服务时效性、性价比等方面竞争优势明显，因此近年来，第三方运维服务市场份额逐步提高。此外，我国 IT 基础架构正由“以 IOE 为核心的传统架构”向“开源互联网架构和国产化架构”发展，原厂服务商在自主产品上的专业优势吸引力逐步减弱，第三方运维服务商的优势将更加凸显，市场认可度及市场份额将会进一步提升。

第六章

嵌入式软件

嵌入式软件是指嵌入在硬件和硬件设备中的操作系统和开发的工具软件，在产业中的关联关系主要以从芯片设计制造到嵌入式系统软件再到嵌入式电子设备开发、制造的形式呈现。从嵌入式系统的全局视角来看，嵌入式系统是软硬协同的专用计算机系统，基于计算机技术，通过剪裁软硬件，来满足可靠性、功耗、成本、体积等特定应用领域的行业需求。从嵌入式软件本身来看，嵌入式软件就是所有嵌入于专用硬件和帮助镶嵌灌入的代码指令集合，是嵌入式系统的重要组成部分。随着产业融合发展深入，嵌入式软件和各行业的融合强度加大，成为赋能国民经济发展的重点领域之一。

第一节　发展情况

（一）产业规模

根据工业和信息化部运行监测协调局的数据，2021 年我国嵌入式系统软件收入为 8425 亿元，同比增长 19.0%，增速较上年同期提高 7 个百分点。随着我国工业化和信息化融合持续深入，数字化转型发展加速，嵌入式软件市场将进入发展高峰期。

（二）产业结构

在产业链方面，嵌入式软件产业链由上游芯片设计制造、中游嵌入式系统设计制造和下游运营服务组成。上游芯片设计制造环节主要完成嵌入式软件的硬件制造。IC 设计商借助工具链（编译器、汇编器等代码工具）、IP 核和 EDA 工具完成芯片设计，IC 代工厂和集成设备制造商通过采购相关设备和 IP 核完成生产、测试和封装。中游嵌入式系统设计制造环节主要是定型定性嵌入式软硬件最终产品。芯片方案提供商结合 IC 设计方案、嵌入式开发工具、嵌入式应用软件等形成专用设计方案，再由代工厂商经产品策划、外观设计、测试组装和品牌营销后将软硬系统产品推向终端用户。下游运营服务环节主要是实现具体专用功能加载。各个专用“计算机系统”配套的服务内容各有不同，以智能手机为例，需要订购电话、短信等通信服务及各类应用程序的内容服务。

在软件分类方面，从广义上看，嵌入式软件分为嵌入式开发工具和嵌入式软件系统两大类。嵌入式开发工具包括汇编器、标准库模拟器等传统开发工具链和嵌入式操作系统研发商提供的现代化集成式开发工具。嵌入式软件系统包括底层的硬件、中间的嵌入式基础软件和上层的嵌入式应用软件。其中，底层的硬件包括纯硬件、系统引导程序和板级支持包，嵌入式基础软件包括硬件驱动程序、嵌入式操作系统（包括非实时、软实时和硬实时）和嵌入式中间件（指实现特定功能的专业软件模块，包括嵌入式数据库、指纹识别软件、语音识别软件等），嵌入式应用软件包括应用程序接口（API）和各种嵌入式应用程序。

在应用分类方面，嵌入式软件主要应用于网络通信、工业控制、智能交通、消费电子、机器人、医疗、军工、航空航天等各行业嵌入式系统中。网络通信嵌入式系统主要包括基站（5G 基站等）、卫星和无线通信设备、各类交换机、网络控制接入优化设备、路由器等，是构建信息网络的新型基础设施。工业控制系统是嵌入式软件应用最广泛的重要领域之一，如智能仪器仪表、可编程逻辑控制器、集散控制系统、数据采集与监视控制系统、交互式终端等。智能交通的嵌入式应用主要包括交通信号控制、传统汽车电子系统、新能源汽车高压电气系统和智能车载设备等。消费电子领域嵌入式系统主要包括个人信息终端、办公自动化产品和家用电器等。机器人嵌入式系统主要有微型机器人、特种机器、无人机等。嵌入式系统在医疗领域主要应用于便携式医疗器械（如血压、血糖测量仪，脉搏测量仪等）和大型的计算机检测设备（如内窥镜、结肠镜、CT 设备等）。在军工领域，嵌入式系统主要用于军用武器、军事通信设备、野战指挥作战专用设备中。嵌入式系统应用于航空航天领域，主要有火箭发射主控系统、卫星信号测控系统、飞机上的飞控系统、瞄准系统等。

第二节 发展特点

（一）政策推动特点

政策支持力度持续加大，国家和地方政府双向发力推动嵌入式软件发展。2021 年，国家自上而下强化对嵌入式软件发展的顶层设计，地方政府自下而上根据地方实际分领域积极部署，共同推动嵌入式软件发展。就国家层面而言，《“十四五”软件和信息技术服务业发展规划》明确指出：要在未来积极培育嵌入式软件，开展嵌入式软件系统研发，逐步满足智能机器人、新能源和智能网联汽车、通信设备等重大装备的增长需求；大力支持突破嵌入式操作系统、嵌入式数据库核心技术，加快相关产品研发与应用推广。相关领导在“关于政协第十三届全国委员会第四次会议第 2398 号（工交邮电类 466 号）提案答复的函”中指出，我国将聚焦国家软件产业发展重点，在关键基础软件、大型工业软件、嵌入式软件等领域培育建设示范性软件学院，培养一批优秀的软件技术人才。就地方政府层面而言，《四川省“十四五”软件与信息服务业发展规划》提出，要加强鼓励头部企业聚焦嵌入式软件等关键软件产品，大力培育一批地域性的知名企业；《湖南省软件产业振兴计划（2021—2025 年）》提出，聚焦工业新兴优势产业链，大力支持服务企业数字化改造、网络化协同、智能化升级的嵌入式软件的发展；《天津市新一代信息技术产业发展“十四五”专项规划》提出，要支持建设符合开放标准的嵌入式软件开发平台、嵌入式操作系统和智能通信软件，着力攻克智能设计与仿真、制造物联与服务、工业大数据处理等软件核心技术难题；《杭州市数字经济发展“十四五”规划》提出，要进一步推进嵌入式软件开发平台、操作系统、工具软件发展，支持嵌入式软件在机器人控制、智能网联汽车等前沿领域的应用创新。

（二）企业发展特点

我国嵌入式软件企业数量较多，近年来持续向好发展。华为、阿里巴巴、上海华元创信、中兴通讯、国电南瑞、科大讯飞等在嵌入式软件领域尤其是在嵌入式操作系统领域均拥有专业的研发团队，产品已得到广泛应用。具体来看，华为的 Huawei LiteOS（轻量级物联网操作系统）是鸿蒙操作系统的内核之一，已在 Huawei WatchGT 中应用；阿里巴巴面向 IoT 领域的 AliOS

Things（轻量级物联网嵌入式操作系统）已广泛应用于智能生活领域；上海华元创信研发的 ReWorks Cert（锐华高安全嵌入式操作系统）已通过国际第三方认证，应用于轨道交通信号领域。但相较国外，我国嵌入式软件企业起步较晚，研发实力较弱，市场占有率较低。由美国 WindRiver 公司研发的 VxWorks 嵌入式实时操作系统（RTOS）是最为主流的嵌入式操作系统之一，Linux、Android、Nuclear、pSOS、Windows CE、Palm OS 等嵌入式操作系统的全球市场占有率也远高于国产产品。

（三）产品发展特点

近年来，嵌入式软件不断迭代创新，日益走向成熟，物联网、云计算、大数据、人工智能等新一代信息技术的发展，也推动嵌入式软件产品向更加多元化发展。一是向定制化发展。为更好地适应市场需求，发挥嵌入式价值，嵌入式软件通过采用新技术，尽量根据用户使用需求定制化，摒弃多余功能，保证适用、够用，以最大程度降低成本。例如，德国康佳特已推出嵌入式设计 EDMS 定制化服务和微软嵌入式 Windows XP 操作系统 SHELL 的定制开发。二是向节能化发展。如今，绿色发展已成为共识，低功耗应用也越发受欢迎，嵌入式产品也在通过技术转型升级，逐步适用于低功耗应用。例如，意法半导体集团研发的 STM32 系列产品就是针对需要低功耗的嵌入式应用设计的。三是向安全化发展。在万物联网的世界，安全问题频现，嵌入式软件尤其是嵌入式操作系统，面临的安全威胁更加严重，因此嵌入式软件正不断提升源代码的可靠性，持续完善安全保障机制，最大程度减少安全漏洞。四是向网络化发展。为适应万物互联，嵌入式软件正面向网络、面向特定应用持续迭代完善，网络接入功能、网络通信接口等逐步具备，嵌入式操作系统的开发也越来越易于移植和联网。

第七章

云计算

一般而言，按照部署环境进行划分，云计算可以分为公有云、私有云、混合云等类别。而按照云计算架构平台化方式划分，云计算的主要服务形式又可以分为基础设施即服务（Infrastructure as a Service，IaaS）、平台即服务（Platform as a Service，PaaS）和软件即服务（Software as a Service，SaaS）。云计算系统运用了许多技术，如编程模型、云计算平台管理技术、虚拟化和容器技术，其中云计算平台管理技术最为关键。随着容器和物联网的发展，云计算又出现了另外两种云计算架构方式：容器即服务（Container as a Service，CaaS）、物联网即服务（Machine as a Service，MaaS）。

在全球范围内，近年来云计算市场一直呈现稳步上升趋势。Gartner 的数据显示，2021 年全球云计算市场继续保持平稳增长，从 2020 年 642.9 亿美元增长至 2021 年的 908.9 亿美元。其中，排名第一的仍为亚马逊 AWS，但其份额较上年略有减少，为 38.92%。在全球前 6 名中，阿里云、华为云、腾讯云入围，分别位居第 3、5、6 名。阿里云市场份额为 9.55%，连续 6 年实现份额增长，并长期稳居亚太地区市场第一的位置，其亚太地区市场份额达到 25.53%。从区域分布看，亚太地区的 IaaS 市场增速高于全球平均值，在 2021 年达到了 331.6 亿美元，同比增长 47.92%，其中又以马来西亚、印度尼西亚、泰国等市场的增速最快。进入“十四五”时期，云计算已由过去技术推广进入到行业应用繁荣的全新阶段。在市场需求的不断刺激下，云计算正不断帮助政府、制造、教育、金融、能源、交通等行业领域进入数字化时代。

第一节　发展情况

（一）产业规模

国际分析机构Canalys发布的《2021年中国云计算市场报告》显示，2021年中国的云基础设施市场规模已达274亿美元，由阿里云、华为云、腾讯云和百度智能云组成的“中国四朵云”占据80%的中国云计算市场，稳居主导地位。艾媒咨询也发布报告称，2021年中国云计算市场规模达到2330.6亿元，预计2022年达到2983.4亿元。

云计算成为我国各行业全面数字化转型阶段的主要推手。受新基建等政策的影响，以及由于企业数字化转型的需要，企业对云计算的服务需求持续增长，云计算应用已经从过去的电商、游戏、社交等领域逐步向金融、制造、医疗、交通、物流等传统领域渗透，云计算发展前景更为广阔。特别是在新冠肺炎疫情全球大流行的背景下，各行业对远程办公的需求呈现出常态化发展趋势，预计有望持续拉动公有云服务的相关细分市场规模持续提升。

（二）产业结构

2021年，我国公有云市场发展持续加快。国际市场研究机构IDC的报告显示，2021年Q3中国公有云服务整体市场规模达到人民币457.61亿元，其中国内公有云IaaS+PaaS的市场规模为359.2亿元，同比增长48%，市场份额进一步向头部厂商集中。阿里云、腾讯云、华为云和天翼云的市场份额分别为39.01%、10.92%、10.74%和8.98%，共同占据国内公有云计算市场近七成份额。值得注意的是，阿里云的市场份额虽然继续排名第一，但较上年同期下降了3.49%；腾讯云、华为云和天翼云则同比分别增长了0.39%、1.5%和1.22%。

公有云模式以其相对标准化、规模化的业务优势，更易实现快速“上量”，并在互联网（尤其是视频、游戏）等存量业务方向持续获得充沛现金流，在可见的未来市场中将始终占据主流。国内公有云厂商竞争的焦点已经从原来的聚焦基础设施规模化，转变为注重基础设施层、平台层及应用层的多维度综合较量。

第二节　发展特点

（一）市场特点

企业上云已成为当下的共同选择。随着数字化、智能化发展趋势不断加快，大中小型企业纷纷将企业上云提上日程，推动企业数字化转型。与此同时，新冠肺炎疫情也对客户上云观念的培育起到显著作用。尽管疫情期间不少企业客户由于业务收缩、收入减少，在 IT 支出上也有一定收缩或计划推迟，导致部分场景中对云需求的攀升在短期内并未充分体现于基础云厂商的现金流中，但是不可忽视的是，数字化、云化、智能化转型却切实地被提升至不少企业的日程中。一项对中国企业的调研显示，房地产、交通、制造等传统行业客户均有近半数受疫情因素影响，计划加大在数字化与智能化办公生产中的投入。

中国云计算市场的头部效应逐步开始出现。作为国内最早起步的云计算厂商，阿里云起初主要应用于阿里巴巴的电商平台，近年来其基于自身积累不断推出多款自研产品，已建立起从底层数据中心到上层产品解决方案的整套云架构。华为基于自身在通信设备领域的深厚积累，以及突出的软硬件集成交付能力，成功实现后发追赶，目前华为云在政务云和私有云领域保持了领先地位，并通过移动终端、企业产品不断扩大在消费者、企业级客户方面的市场占有率。百度云将 AI 技术与云基础设施服务相结合，聚焦智能服务以突出差异化，基于“云智一体”的技术和产品，在制造、金融、能源等领域积极实践。腾讯云则立足在社交、游戏、视频等方面的业务经验，主要深耕音视频直播、文娱游戏行业，并在金融云市场中位居前列。

容器技术有望推动我国 PaaS 快速发展。容器是指以镜像形式存储的、虚拟的、被隔离的运行时环境。容器技术通过跨容器共享操作系统架构，只需要构建简单的文件及代码库即可运行应用。相比服务器虚拟化技术，容器技术大大提升了数据可迁移性及其安全性，用户可以更快、更便捷地获取并高效地使用第三方数据。而 PaaS 市场的主要问题在于，企业在不同的 PaaS 平台间迁移应用的难度大，且私有云无法满足各类应用的上云要求，容器技术有望解决这些问题。在容器技术应用的推动下，中国 PaaS 市场有望进入快速发展期。

云原生为信息安全市场带来新机遇。在云计算应用不断拓展的同时，安全问题同样备受关注，云原生安全能力将直接影响到企业下一代安全架构，云原生安全的理念应运而生。云原生安全是指云平台安全原生化和云安全产品原生化。Gartner 的相关报告显示，相比传统 IT，公有云的安全能力可减少企业 60%左右的安全事件，增强企业的安全防控能力。云原生安全平台将安全能力逐步从外部生产向内部测试及开发方向深入，原生安全产品也将逐步从原本的外挂转为内嵌。现有的安全监测主要通过平台中的数据从外部感知数据安全，未来将逐步实现安全前置，通过把安全和管理的理念嵌入到开发设计，真正做到安全和云深入的融合，促进云服务商提供更加安全的云平台，从而带动云安全市场的发展。

（二）结构特点

公有云与私有云的边界日益模糊，云中间形态层出不穷。随着云服务实践的不断丰富，其部署模式也出现日益丰富的选择与实现路径。广大“非数字原生”企业在政策引导、商业与技术赋能的需求下对上云跃跃欲试。但行业业务模式的巨大差异及企业需求的特殊性，导致其在选择云计算部署模式时，往往面对的是“多选题”，而非“单选题”。企业上云的焦点正逐渐从“利用云计算技术”转向“技术与服务并重”。托管云、专有云、真私有云/下一代私有云等新兴云计算部署概念逐渐兴起并落地，使公有云和私有云的中间形态日益丰富，也日益模糊了二者的边界。云厂商不仅在技术上关注“云原生”，也在部署上思考“云衍生”。客户在云服务部署的选择上也从早期的“云配比”逐渐进化成“云优化”。

面对多元发展需要，云厂商持续开拓多样化业务。就整体而言，我国 IaaS 领域的市场仍保持着较为快速的增长，而 PaaS 和 SaaS 等领域的竞争才刚刚开始。以字节跳动的火山引擎云为例，火山引擎云已形成一套包含统一基础服务（IaaS）、技术中台（PaaS）、行业解决方案（SaaS）、智能应用 4 个层面的技术服务产品体系。华云数据发布的“信创云基座”，同样也涵盖了从 IaaS、PaaS 到 SaaS 的丰富产品线，包括虚拟化、超融合、私有云、混合云、桌面云、专属云在内的各种形态，可以满足企业采用多云的需求。与此同时，国内云厂商除在公有云市场中持续发力外，对非公有云业务的部署也在进一步加快，如阿里云、腾讯云分别推出的 Apsara Stack、TCE 等企业云/专有云产品，或者突破原有云部署壁垒，尝试从私有云向混合云拓展，如华为云推出的华为云 Stack 等。

（三）投融资特点

云计算领域的投融资行为依然活跃。据天眼查数据不完全统计，2021年我国云计算相关企业累计发生超过370起融资事件，平均每个月的融资事件就超过30起，总融资额超过1300亿元。其中，北京获得融资的云计算相关企业数量最多。从行业分布上看，约九成获得融资的云计算相关企业分布在企业服务行业。通过分析投资行为，天眼查数据研究院认为，随着应用的开展和市场需求的增长，SaaS成为云计算领域投资的热点。在资本助力下，国内云计算市场在过去的10年已度过早期探索阶段的“量的增长”时期，正全面走向注重升级、优化和细分的“提质”阶段。

第八章

大数据

第一节　发展情况

（一）产业发展迎来新一轮政策红利

2021 年，我国大数据产业呈现良好发展态势，业务收入继续保持快速增长。工业和信息化部运行监测协调局的数据显示，2021 年云服务、大数据服务共实现收入 7768 亿元，同比增长 21.2%，占信息技术服务收入的 12.9%。同时，2021 年作为“十四五”开局之年，国家和地方积极谋划、加快推动大数据、数字经济等相关领域“十四五”规划编制工作。在国家层面，《中华人民共和国国民经济和社会发展第十四个五年规划和 2035 年远景目标纲要》（简称《“十四五”规划纲要》）中提及“大数据”有 14 处，工业和信息化部印发《“十四五”大数据产业发展规划》。在地方层面，江苏、山西印发各省“十四五”大数据产业发展规划，浙江、江苏、湖北、甘肃等多个省份印发各省“十四五”数字经济发展规划。

（二）数据要素市场化配置落地实践

2021 年，数据要素市场化配置相关顶层设计进一步完善，围绕公共数据资源开发利用、社会数据资源交易流通及数据资源跨境流动的地方实践加速涌现。《“十四五”规划纲要》《建设高标准市场体系行动方案》等文件对“建立健全数据要素市场规则”做出全面部署，《广东省数据要素市场化配置改革行动方案》《广东省首席数据官制度试点工作方案》等文件就数据要素市场化配置制度规则和组织体系建设提出地方方案。同时，上海、浙江、广东等 8 个公共数据资源开发利用试点全面启动，“赛道机制”“专业化运营”等新模式频现。北京、上海、深圳等多地积极布局新型数据交易所，北京国际大数据交易所等机构围绕数据交易痛点问题开展积极探索，提出了基于区块链的“数字交易合约”等新型交易形式。广东、北京等地加快推进数据跨境传输安全管理试点工作，创新提出“数据海关”“数字贸易港”等发展模式。

（三）数字产业集群建设加速推进

2021 年，以 8 个国家大数据综合试验区为引领，多区域集聚发展的格局日益凸显。《中国大数据区域发展水平评估报告（2021 年）》显示，8 个国家大数据综合试验区示范引领作用明显，在全国大数据发展总指数中合计占比达到 39%，除内蒙古外，其余省市均位列综合排名前 20，广东、北京、上海在综合排名前 10 中占据 3 个席位，在全国大数据发展总指数中合计占比达到 18%。此外，国家重大战略区域围绕大数据一体化发展纷纷发力，如川渝两地签署“1+9”项合作协议，为大数据协同发展开启序章。受益于国家重大战略区域一体化发展战略的深入实施及数字产业集群建设的加速推进，以北京、广东、浙江、江苏等省市为引领，以京津冀、长三角、珠三角等国家重大战略区域为依托的大数据产业集群将加快形成。各集群将以释放数据要素价值为核心，在数字基础设施建设、大数据技术产品研发、大数据与实体经济融合等方面协同发力，产业发展模式和区域发展格局将进一步优化。

（四）产业发展监管治理逐步规范化

2021 年，大数据产业相关立法工作取得长足进步，围绕数据安全、个人信息保护等方面的法律法规陆续出台。在国家层面，《中华人民共和国民法典》《中华人民共和国数据安全法》《中华人民共和国个人信息保护法》陆续进入正式实施阶段，《常见类型移动互联网应用程序必要个人信息范围规定》《关于开展摄像头偷窥等黑产集中治理的公告》等细分方向的条例规定也相继出台，对数据安全、数据收集范围、隐私权和个人信息保护、个人信息处理与权利等做出规定。在地方层面，深圳出台《深圳经济特区数据条例》，浙江、山东、福建、安徽、黑龙江等多个地方也纷纷出台大数据产业发展条例，为大数据产业发展提供了依据。

第二节　发展特点

（一）应用特点

应用向更深层次更高水平拓展，工业大数据深化应用助力制造业数字化转型迈上新台阶。2021 年，大数据与各行业融合持续深化，应用广度从金融、电商等轻资产领域向工业等实体经济拓展，应用深度从外围的服务管理业务向生产制造等核心环节稳步推进。工业尤其是制造业作为现代经济体系建设的主战场，面临着智能化、服务化转型任务，工业大数据在其中发挥着重要作用。工业和信息化部的数据显示，截至 2021 年第二季度，全国两化融合水平达到 57.8%，实现网络化协同、开展服务型制造、开展个性化定制的企业比例稳步提升，分别达到 38.4%、28.6%、10.0%，智能制造就绪率达到 10.5%。此外，在“双碳”目标下，制造业绿色化转型势在必行。工业大数据通过数据关联分析、智能辅助决策等手段，可有效提升能源利用效率、降低污染排放，助力高耗能、高污染行业达成节能、减排、增效的转型目标。例如，截至 2021 年 8 月，三一桩机“灯塔工厂”通过运用工业大数据等技术，实现年二氧化碳排放减少 3977 吨，排放量同比下降 30.5%。随着工业大数据应用的持续深化，大数据在工业领域的应用将从产品级、设备级向产业链级深入拓展，通过工业知识、业务、流程的数据化、算法化、模型化，将为整个制造体系装上“智脑”系统，形成动态感知、敏捷分析、全局优化、智能决策的强大能力，为石化、钢铁、有色、建材等原材料产业及化工、造纸等高耗能、高污染行业实现智能化、服务化转型及节能降耗、治污减排等“双碳”目标提供关键支撑。

（二）结构特点

八大枢纽中心统筹部署，产业基础能力建设有序推进。2021 年，大数据产业基础能力持续提升，尤其以数据中心为代表的基础设施建设进展显著，统筹布局顶层设计逐步形成，地方结合市场需求和能源供给情况陆续启动工程建设。《全国一体化大数据中心协同创新体系算力枢纽实施方案》《新型数据中心发展三年行动计划（2021—2023 年）》等文件发布，全面启动“东数西算”工程，部署京津冀、长三角、粤港澳大湾区、成渝，以及贵州、内蒙古、甘肃、宁夏 8 个全国一体化算力网络国家枢纽节点（简称枢纽节点），将在数据中心集约化、规模化、绿色化建设方面开展实践。北京、上海、贵州贵安、宁夏中卫等陆续启动枢纽节点建设，编制了《北京市数据中心统筹发展实施方案（2021—2023年）》《全国一体化算力网络国家枢纽节点宁夏枢纽建设方案》等文件，并谋划了一系列重大项目，在绿色集约建设、能源供给保障、能耗监测管理等方面进行全面部署。

产业链发展重心转向优链强链，产品服务质量稳步提升。2021年，大数据重点产品和服务体系建设步伐加快，企业创新多点突破。在产品和服务体系建设方面，工业和信息化部持续组织开展大数据产业发展试点示范项目工作，遴选了204个典型标杆项目，通过试点先行、示范引领，总结推广可复制的经验做法，推进大数据产业高质量发展。在企业产品创新方面，阿里巴巴、腾讯、华为等龙头企业在数据仓库、数智融合计算、数据存储等方面加速创新。例如，腾讯自研平台支持千亿级规模的海量数据训练，日实时计算量超过65万亿，日分析任务达到1500万。华为面向运营商发布数据存储OneStorage解决方案，提供面向多业务的融合存储资源池、高度自动化的数据智能管理能力，加速运营商数字化转型和业务创新。随着产品服务体系从前端产品售卖向后端增值服务延伸，从数据收集、传输、存储、处理、应用的产业环节单点突破向一体化、协同化、智能化服务方向发展，工业大数据、行业大数据、大数据重点产品、数据管理及服务等重点领域的产品服务质量将稳步提升。此外，产品的兼容性、安全性、拓展性、易用性将成为打磨高竞争力大数据产品服务的进阶方向。

第九章

人工智能

人工智能（Artificial Intelligence，AI）也被称为机器智能，是指利用机器去实现必须借助人类智慧才能实现的任务或行为，其本质是对人类智能的模拟、延伸甚至超越的一门新技术学科。从产业的视角来看，狭义的人工智能是指基于人工智能算法和技术进行研发和拓展应用，主要提供人工智能核心产品、服务及行业解决方案；广义的人工智能则包括计算、数据资源、人工智能算法和计算研究、应用服务等。这里重点聚焦狭义人工智能产业的发展。

第一节　发展情况

2021 年，人工智能研究成果斐然，正从“感知智能”大步迈向“认知智能”。随着新技术模型出现、各行业应用场景价值打磨与海量数据积累下的产品效果提升，人工智能应用已从消费、互联网等泛 C 端领域，向制造、能源、电力等传统行业辐射。全球人工智能创新链基本形成了中美两国主导、东亚北美西欧协同引领的格局，以中国为代表的东亚地区已初步形成人工智能知识创新高地，但北美地区依旧掌握理论创新话语权。我国人工智能产业则呈现出上游寻求突破、中游龙头企业试水、下游百花齐放的产业格局。

（一）产业规模

人工智能作为重要的新一代信息技术，其发展具有其他技术协同演进的特征，全球人工智能及其相关产业规模持续提升。在产业规模方面，IDC 预测， 2022 年包括软件、硬件和服务在内的全球人工智能市场的总收入将增长 19.6%，达到 4330 亿美元，并将在 2023 年突破 5000 亿美元。在企业数量方面，天眼查数据显示，我国 2021 年新增超过 67.8 万家人工智能相关企业，同比增长 64%。在企业投融资方面，根据 Tortoise Intelligence 报告，2021 年全球人工智能投资总额达到 775 亿美元，较上年同期 360 亿美元增长了约 115%，这是 20 年来人工智能投资同比增长最大的一年。在创新专利方面，2010 年至 2021 年 2 月，全球累计人工智能领域的专利授权量达 17.8 万件，中国占比 43%，位居首位，美国占比 33%。中国的技术创新主要集中在已有技术优化和工程实现上，颠覆性技术创新相对缺乏，相比之下，美国则在这方面拥有较大领先优势。

（二）技术创新

2021 年，在新基建相关政策红利的影响下，我国科研机构和高等院校不断加大人工智能关键技术的攻关，我国人工智能在国家战略层面越来越强调系统、综合布局，在计算机视觉、深度学习等核心技术走向成熟的同时，AI 算力水平、自主无人系统、智能芯片、脑机接口、知识图谱等新兴技术不断创新突破。2021 年 1 月，寒武纪首颗 AI 训练芯片发布，峰值算力提升 4 倍，内存带宽提高 12 倍，芯片间通信带宽提高 19 倍；5 月，百度文心 ERNIE 最新开源四大预训练模型，在文本语义理解、长文本建模和跨模态理解三大领域取得突破，在效果上超越谷歌、微软等业界模型；6 月，由北京智源人工智能研究院牵头、智谱 AI 等多家机构共同研发的全球最大智能模型“悟道 2.0”正式发布；7 月，北大团队自研 AI 框架“河图”（Hetu）正式开源，这是首个由国内高校自主研发的分布式深度学习系统；10 月，浪潮人工智能研究院正式发布“源 1.0”开源开放计划，这一全球最大中文巨量模型将以开放 API、开放数据集、开源代码等多种形式为业界提供开放合作。

（三）区域分布

在区域层面，《中国新一代人工智能科技产业区域竞争力评价指数（2021）》显示，2021 年长三角地区人工智能科技产业区域竞争力排名第一，发展水平首次超过京津冀地区，珠三角地区和川渝地区分别位列第三和第四。区域人工智能竞争力发展格局的改变，一方面是由于南北地区人工智能和经济融合发展进程的速度不同，另一方面是由于人才、资金等人工智能创新要素逐步南移。四大经济圈内人工智能企业仍主要为应用层企业，京津冀及长三角地区基础层及技术层企业占比高于珠三角及川渝地区。在省市层面，在中国人工智能科技产业区域竞争力评价指数综合排名中，北京、广东、上海、浙江、江苏和山东在人工智能科技产业的发展上仍排在第一梯队。

（四）产业结构

从人工智能产业结构来看，我国人工智能领域有三类企业。

第一类是致力于人工智能基础层的企业。这类企业以硬件为主，为人工智能应用提供数据和算力。代表企业如海思半导体、寒武纪、阿里云等。2021年6月，百度发布了自主研发的第二代昆仑AI芯片“昆仑芯2”，并宣布实现量产。2022年4月，权威AI基准评测组织MLPerf公布的推理性能榜单中，阿里云联合平头哥、达摩院等在数据中心、边缘计算、物联网领域斩获多项第一。

第二类是致力于人工智能技术层的企业。这类企业以软件为主，为人工智能应用提供高效灵活的算法、框架和平台。代表企业如旷世科技、科大讯飞、百度等。2021年6月，北京智源人工智能研究院发布“悟道2.0”，参数规模达到1.75万亿，是OpenAI的GPT-3模型的10倍，一跃成为世界最大模型。

第三类是致力于人工智能应用层的企业。这类企业面向各类应用场景开发相应的智能服务产品和解决方案。应用层产品涉及面最广，商机最多，不论是消费终端还是行业应用均成长出一大批本土企业，代表企业如京东、地平线、旗瀚科技、智位科技、科沃斯、大疆等，驱动着人们生产生活的数字化转型。2021年，百度Apollo的自动驾驶测试里程已经超过2500万公里，商业化收费运营从园区接驳应用到公众日常出行服务。

第二节　发展特点

（一）政策特点

党中央与各级政府一直高度重视人工智能技术创新和产业发展。2021年3月，我国“十四五”规划纲要出台，提出“打造数字经济新优势”的建设方针，并强调了人工智能等新兴数字产业在提高国家竞争力上的重要价值。2021年7月，工业和信息化部发布《新型数据中心发展三年行动计划（2021—2023年）》，提出要推动新型数据中心与人工智能等技术协同发展，构建完善新型智能算力生态体系。2021年9月，国家新一代人工智能治理专业委员会发布《新一代人工智能伦理规范》，旨在将伦理道德融入人工智能全生命周期，标志着人工智能政策已从推进应用逐渐转入监管，确保人工智能处于人类控制之下。与此同时，多个省市也专门针对人工智能发布了相关政策，如表 9-1 所示。

表 9-1　2021 年部分省市人工智能相关政策

序号	省市	政策文件	相关表述
1	北京	《北京市“十四五”时期高精尖产业发展规划》	发展人工智能与实体经济深度融合新业态，培育 3 家左右人工智能+芯片、人工智能+信息消费、人工智能+城市运行的千亿级领军企业，推动产业生态链基本完善
2	上海	《上海市人工智能产业发展“十四五”规划》	到 2035 年，上海人工智能整体发展达到世界领先水平，成为全球资源集聚、应用广泛深入、产业链条完备、治理敏捷可靠的世界人工智能中心节点城市，形成泛在、集智、全能的人工智能与城市发展深度融合格局，为建成面向未来的社会主义现代化国际大都市奠定坚实基础
3	江苏	《江苏省“十四五”数字经济发展规划》	数字产业规模稳步增长，全省规模以上电子信息制造业业务收入超过 4 万亿元，软件和信息技术服务业规模力争达到 1.6 万亿元，物联网等产业集群达到世界先进水平，大数据、人工智能、区块链等产业规模跃上新台阶，培育一批具有较强影响力的数字经济头部企业
4	山西	《山西省“十四五”未来产业发展规划》	“十四五”期间，推动一批高校开设人工智能相关学科，培养专业人才队伍，引育一批国内有影响力的人工智能企业，人工智能率先在煤矿、医疗、交通、金融领域应用和推广，全面完成智能煤矿改造。未来 15 年，人工智能产业链基本成型，可以应用于大部分领域、重点场景当中。未来 30 年，紧跟国内外人工智能前沿技术突破，山西形成地区数字经济发展新模式
5	湖北	《湖北省人工智能产业“十四五”发展规划》	加快人工智能关键技术研发及产业化，促进技术集成与商业模式创新，推动重点领域智能产品创新，积极培育人工智能新兴业态，推动产业高端发展，打造具有国际竞争力的人工智能产业集群
6	江西	《江西省“十四五”信息化和工业化深度融合发展规划》	加快推进 5G 与物联网、人工智能融合应用，开展设备远程运维监测与控制、机器视觉检测、工业 AR/VR 等示范应用，培育智能制造新模式、新业态

数据来源：赛迪智库整理（2022.4）。

（二）投融资特点

2021 年，作为世界各国在科技产业领域的竞争焦点，人工智能依然保持了高速发展。智研咨询数据显示，近十年来，中国 AI 投融资数量整体呈上升趋势发展。2021 年，中国人工智能融资交易事件为 1132 起，同比增长 32.7%；中国人工智能融资金额为 3996.4 亿元，同比增长 51.4%。其中，AI 芯片融资事件达 112 起，同比增长 72.3%；AI 芯片融资金额为 387.73 亿元，同比增长 101.4%。从 2021 年融资的人工智能项目所处的城市来看，北上深等头部城市仍具备显著的领先优势。北上广依旧是人工智能产业发展的主阵地。其中，2021 年北京有 1878 家人工智能公司，占到总数量的 26%；广东有 1623 家人工智能公司，占比 22%；上海有 1192 家人工智能公司，占比 16%。2020—2021 年国内典型融资案例如表 9-2 所示。

表 9-2 2020—2021 年国内典型融资案例

序号	企业名称	融资轮次	融资金额	所属领域
1	地平线	D 轮	95.57 亿元	智能芯片
2	紫光展锐	战略融资	53.5 亿元	智能芯片
3	微创医疗	战略融资	30 亿元	智慧医疗
4	燧原科技	C 轮	18 亿元	神经网络
5	天数智芯	C 轮	12 亿元	智能芯片
6	第四范式	D 轮	7 亿美元	人工智能
7	云迹科技	C 轮	5 亿元	智能机器人
8	文远知行	B 轮	3.1 亿美元	自动驾驶
9	PICO	B 轮	2.42 亿元	VR
10	数坤科技	C 轮	2 亿元	智慧医疗

数据来源：赛迪顾问。

（三）应用特点

2021 年，随着新基建加速发展及 5G、云计算、大数据等技术的加快落地，人工智能应用场景逐步丰富，在各个行业的渗透度都在升高。《2021—2022 中国人工智能计算力发展评估报告》显示，2021 年人工智能应用渗透度排名前五的行业依次为互联网、金融、政府、电信和制造。与 2020 年相比，人工智能算力释放的场景在金融、制造、能源和公共事业、交通、互联网等行业体现得尤为显著，相关行业的人工智能应用场景呈现出更为多元化的趋势，产业 AI 化在传统行业的应用拓展不断提速。

第十章

开源软件

2021 年被业界认为是国产开源的元年，随着国家政策的大力支持，我国开源生态从平稳起步迈向加速繁荣，开源建设取得一系列突出成效。全球最大的代码托管平台 GitHub 发布了 2021 年度报告，显示已有超过 7300 万的 GitHub 开发者用户，其中 2021 年新增 1600 万。从区域分布看，在全球总开发者数量中，来自北美洲的开发者数量最多（占比为 31.5%），其次是亚洲（占比为 31.2%），之后是欧洲（占比为 27.3%）。从国别看，美国开发者最多，超过 1355 万；2021 年中国开发者增长 103 万，排名第二，超过 755 万。

第一节　发展情况

（一）生态情况

2021 年，国内政策环境为开源发展提供了坚实保障，国家顶层设计不断加码开源，行业开源软件治理体系逐步优化，产业界形成开源生态推进合力。

开源发展政策环境不断优化。2021 年，开源首次写入“十四五”规划，其中明确提出，支持数字技术开源社区等创新联合体发展。《“十四五”数字经济发展规划》提出，支持具有自主核心技术的开源社区、开源平台、开源项目发展，推动创新资源共建共享，促进创新模式开放化演进。工业和信息化部印发《“十四五”软件和信息技术服务业发展规划》，系统布局“十四五”开源生态发展，提出到 2025 年建设 2 或 3 个有国际影响力的开源社区，培育超过 10 个优质开源项目。此外，国家还从完善开源知识产权和法律体系、发展开源标准等方面托底开源生态，充分说明国家对于开源生态建设的高度重视，并将在“十四五”时期开创开源社区、开源平台和开源基金会等开源力量的发展格局。

我国开发者在国际社区中的活跃度持续提升，竞争实力也在逐渐增强。2021 年，GitHub 上的中国开发者增长 103 万，总人数超过 755 万，成为仅次于美国的第二大开发者群体。预计到 2030 年，中国开发者将成为全球最大的开源群体。中国开发者数量及开源贡献度增长已成为全球最快，华为、阿里巴巴参与开源的开发者人数名列全球前十位，在全球最大的开源项目 Linux Kernel 中，中国开发者连续 4 年贡献第一，中国将成为世界最大的开源应用市场。同时，更多中国企业和开源人士在国际基金会承担重要角色。2021 年 2 月，Rust 基金会正式成立，华为是创始白金成员之一。2021 年 11 月，Linux 基金会成立下一代架构基金会，腾讯作为创始企业加入。

国内开源生态繁荣向好。在开发者数量方面，Gitee 在 2021 年注册用户数增长超过 180 万。在代码贡献方面，Gitee 在 2021 年新增活跃仓库超过 200 万，自 2013 年以来年复合增长率达到 79%；仅看其中与开源参与度指标相关的 issue 和 PR 数量情况，近年保持着持续加速增长态势，2021 年再创新高，相比 2020 年增长了 102%，反映了中国开发者参与开源贡献的积极性也在随之提高。

（二）项目情况

2021 年，我国开发者贡献和主导的开源项目均取得了较大发展。2021 年，Linux 基金会旗下的 CNCF（云原生计算基金会）在全球范围内新增了 200 个会员合作单位，其中来自中国的新会员单位就有 80 家。当前国内已经有 25 个开源项目进入 CNCF，占比超过 20%，集中在边缘计算、AI 批量计算、多云管理、混沌工程、分布式存储等云原生前沿技术领域。从 2021 年 CNCF 厂商贡献排名可以看到，PingCAP 和阿里巴巴进入全球贡献度排名的前十，中国厂商在国际开源社区中的影响力稳步增强，逐步缩小和 RedHat、Google 等厂商的差距。在另一个国际顶级开源基金会 Apache 软件基金会中，2021 年进入孵化的所有项目均来自中国，主要集中在“大数据相关中间件”，反映出国内数据技术的创新与发展能力正进一步与国际接轨。

（三）社区情况

在开源社区方面，协同创新模式趋于成熟。2021 年是中国大型企业开源的集中爆发之年，特点是关键项目开源和加大社区投入，同时牵头联合其他公司与各种开源项目社区，积极寻求共建开源生态，在开源合规、开源安全、开源选型、开源协作、开源布道等治理与运营方面带动国内各类型公司与开源项目社区，让整体的开源知识与相关能力得到提升，带动整个开源生态的健康发展。

当前我国部分开源社区的活跃度已经实现了跨越式提升，项目技术协同及生态治理取得积极进展。2021 年，国内开源社区数量已超过 300 个，包括 CODE.CHINA、木兰开源社区、Trustie 开源社区、长安链开源社区、OpenI 启智开源社区、MindSpore 等。国内最大的代码托管平台 Gitee 的注册用户数已超过 800 万，仓库数量超过 2000 万。开放鸿蒙社区开发者达到 1268 人，社区代码仓数量超过 8500 个。欧拉社区已经汇聚了 330 多家伙伴，吸引近万名开发者，成立近百个特别兴趣小组，全球下载量超过 47 万次，PR 合入超过 5.5 万次。

全球基金会目前正逐渐显现出精细化与公共化发展的趋势，而我国首家开源基金会——开放原子开源基金会成立后，也开始与各类开源行业组织协同发展。2021 年，华为欧拉、阿里巴巴龙蜥、OpenCloudOS 等国产自主可控的操作系统相继捐赠或宣布将捐赠给开放原子开源基金会。

第二节　发展特点

（一）开源开发特点

一是开源成为主流开发模式。2021 年，开源突破了原来相对更小众的开发者圈层，正逐渐从“开发者亚文化”变成一个主流的软件开发模式，得到越来越多圈外人的关注，尤其是得到来自金融、电信、新经济领域大型企业的关注，就项目数量和开发者活跃度而言，目前仍是头部互联网大厂在引领国内开源。大型企业采用开源的氛围从早期鼓励工程师文化，到中期选取开源以解决技术孤岛，再到现在开源已成为必选项，这一趋势在操作系统和数据库领域尤其明显。以数据库领域为例，开源已经成为大型企业分布式数据库的首选，典型企业有阿里巴巴、百度、腾讯、字节跳动、美团、滴滴、华为、京东、小米、网易、bilibili（哔哩哔哩）、微众、携程、PingCAP 等。例如，2021 年蚂蚁集团自研分布式数据库 OceanBase、阿里云云原生分布式数据库 PolarDB-X 相继宣布开源。全球知名数据库流行度排行榜 DB-Engines 统计数据也表明，从 2021 年开始，开源数据库的流行指数已经超过商用数据库。

二是开源硬件需求明显增长。随着市场对定制硬件需求的增长，以及越来越多初创企业开始寻求用于构建高度合适AI/ML算法的加速器和解决方案，开源硬件的热度持续上升。而随着RISC-V处理器ISA的出现，开源硬件已成为现实。同时，RISC-V在中国得到越来越多的关注和投入，也有越来越多的出色成果涌现出来。

三是云平台成为开源软件重要的分发渠道。在数字化转型浪潮下的十余年内，公有云厂商逐渐摸索出了适合国情的云平台建设道路，目前云计算产业中主流企业已经搭建了具有一定规模的生态云平台，并成为其获得基础信息技术服务的首选方式。而对开源软件而言，云平台的托管有利于项目运营。平台托管意味着项目在用户和开发者面前的曝光率大大提升，从而以高效率获得使用反馈，为完善产品发展方向提供建议，这一点优势尤其有利于处于初级开发阶段项目的成长。

（二）应用特点

开源软件在行业的应用不断深化。开源技术在各行业的应用正不断加深，成为各行业数字创新发展的关键模式。开源技术平台技术创新、效率提升、成本降低等方面的优势，成为各领域的技术底座，推动各领域的技术发展。公开数据显示，物联网、网络安全、制造业、工业机器人、金融是行业代码库中开源软件占比最高的几个行业，此外几乎所有行业代码库中开源软件的占比均达到一半。

互联网龙头企业加大开源力度，是支撑企业用户使用开源软件的有力背书，特别是让金融、电信、政府与制造等非IT领域使用开源软件有了企业级的保障。例如，欧拉操作系统在政府、运营商、金融、能源、交通、互联网等行业已规模应用，累计超过130万套。根据《中国服务器操作系统市场研究报告》，2021年欧拉在政府、运营商行业实现新增市场份额第一，在金融行业市场增速第一，预计2022年欧拉在行业的应用新增将超过200万套。具体到行业应用方面，2021年RedHat发布的《企业开源现状调查报告》显示，全球98%的金融机构正在使用由开源技术衍生的产品。为了提升敏捷开发效率、加速海量数据处理，我国金融机构以不同方式引入开源技术，包括使用含有开源组件或代码的商业软件、购买开源软件的商业发行版、直接使用社区版开源软件等方式。2021年10月，中国人民银行等五部委发布《关于规范金融业开源技术应用与发展的意见》，促进金融机构在开源技术和开源治理的投入在未来几年增长。

（三）投融资特点

2021 年，国内外基于开源项目的初创企业空前活跃，开源社区和开源软件的商业价值得到资本认可。基于开源项目的商业公司获得融资、上市等事件众多，且融资金额创历史新高，达到 52 亿元，同比增长约 86%。其中，数据技术、云原生、AI成为热门赛道。2021年2月，开源深度学习框架OneFlow完成 5000 万元人民币 A 轮融资；5 月，企业级开源 Linux 操作系统供应商 SUSE 上市，市值近 70 亿美元。

区 域 篇

第十一章

环渤海地区软件产业发展状况

软件和信息技术服务业是建设制造强国、网络强国、数字中国的重要支撑，正日益成为促进经济社会转型发展的先导力量。环渤海地区包含北京、天津、河北、山东等地区，是我国软件产业发展的重要集聚区之一。以北京、济南、青岛为代表的中国软件名城，汇聚了数量众多的国家重点软件企业、软件业务收入百强企业和互联网百强企业。区域囊括中关村软件园、齐鲁软件园、青岛软件园等知名软件产业园区，科创资源丰富，综合配套能力突出，软件产业发展持续走在全国前列。

第一节　整体发展情况

（一）产业收入

2021 年 1—11 月，环渤海地区软件业务收入总计为 26458 亿元，相比上年同期的 20805 亿元增长 27.2%，增长态势平稳，高于全国总体增速 9.5 个百分点，占全国软件业务收入比重为 3.10%，较 2020 年高出 5.5 个百分点。

分省市情况看，2021 年 1—11 月，北京、山东和天津分别实现软件业务收入达 17074 亿元、6668 亿元和 2397 亿元，较上年同期分别增长 23.8%、23.0%和 15.5%，软件业务合计收入占本地区比重高达 98.8%，产业集聚态势明显。相较来看，河北的软件业务总体规模较小，2021 年 1—11 月实现软件业务收入 320 亿元，同比增长 5.0%。2021 年 1—11 月，全国软件业务收入前 10 位省市中，环渤海地区的北京、山东和天津，分别位居第 1 位、第 6 位、第 9 位。

（二）产业结构

2021 年 1—11 月，环渤海地区软件产品收入和信息技术服务收入分别为 7561 亿元和 16616 亿元，较上年同期增长 18.0%和 28.5%，占全国比重分别为 34.7%和 30.4%；信息安全产品和服务收入 897 亿元，占全国比重为 54.4%；嵌入式系统软件收入 1384 亿元，占全国比重为 18.8%。从区域内软件产业整体发展情况来看，信息技术服务收入所占比重为 62.8%，软件服务化特征持续凸显，软件产品收入、信息安全产品和服务收入、嵌入式系统软件收入占比分别为 28.6%、3.4%、5.2%。

（三）企业情况

截至 2021 年 11 月，环渤海地区共聚集 10469 家纳统软件企业，较上年同期增加 13.0%，其软件企业总数占全国软件企业总数的 25.1%。环渤海地区软件企业实力持续增强，企业单体规模进一步增长，从 2020 年的 1.98 亿元增长至 2021 年的 2.53 亿元，比全国 2.04 亿元的平均水平高出 24.0%。

第二节　产业发展特点

（一）中心城市集聚度高，龙头企业带动力强

环渤海地区的软件产业高度集中于北京、天津、济南、青岛这 4 个中心城市，大量的软件龙头企业带动引领了区域内的产业发展，由此形成了中心城市的集聚效应。2021 年 1—11 月，在环渤海地区的软件业务收入中，北京软件业务收入占比为 64.5%，天津软件业务收入占比为 9.1%，济南软件业务收入占比为 13.3%，青岛软件业务收入占比为 9.6%，四地合计占比为 96.5%。环渤海地区的中心城市产业集群呈现点状分布、以点带线、以线带面的态势，形成了整体协同的效应。龙头企业在产业发展中的带动作用持续显现。以北京为例，33 家企业入选中国软件业务收入前百家企业；39 家企业入选软件和信息技术服务竞争力百强企业，榜单前十中有百度、中国通信服务、京东 3 家企业入选；9 家企业入选《红鲱鱼》亚洲 100 强；16 家企业入选福布斯中国最具创新力企业榜；25 家企业入选中国大数据企业 50 强；38 家企业入选中国互联网百强企业。由于环渤海地区的产业集聚效应，本区域内的整体运营成本降低，协同效应提升，创新环境优化，投融资环境便利。区域内的

人才流动便捷，产业外溢效应明显。

（二）京津冀一体化加快，新兴产业发展迅猛

京津冀地区不仅是“首都经济圈”，更是环渤海地区的重要经济区。2021年1—11月，京津冀软件业务收入为19791亿元，占环渤海地区软件业务总收入的74.8%。其中，北京已经成为京津冀软件和信息技术服务业的产业辐射中心，其软件业务收入为17074亿元，在京津冀软件业务收入中占比为86.3%。随着京津冀软件产业的协同发展，三地联合技术创新步伐明显加快，构成了“1+2+4”的产业格局，即包括“1”个核心区域（北京的中关村区域）、“2”个重要拓展区（天津的滨海新区和武清区）、“4”个重点功能区（河北的张家口、廊坊、承德和秦皇岛）。其中的代表性软件企业包括位于北京的北大方正、位于廊坊的中科廊坊科技谷有限公司等，它们在促进京津冀三地软件产业发展方面发挥了重要作用。

环渤海地区的新兴产业包括大数据、云计算、物联网、移动互联网等，都获得了长足发展，这离不开环渤海地区在区位、人才、产业基础等方面的天然优势。在国家发展改革委、工业和信息化部及中央网信办联合批复的第二批7个国家级大数据综合试验区中，京津冀大数据综合试验区属于跨区域类综合试验区。“京津冀大数据走廊”是京津冀大数据综合试验区重点打造的产业链布局，以“中关村数据研发—张北数据存储—天津数据装备制造”为核心有效衔接，依托三地各自产业发展特色和比较优势，北京强化创新和引导，天津强化带动和支撑，河北强化承接和转化，构建三地协同发展和一体化发展格局。

（三）名城建设成果突出，区域产业优势互补

环渤海地区的软件产业发展以软件名城为重点区域，充分结合自身功能定位及产业布局规划，依托要素优势与政策扶持，推动优势产业集中发展，凝聚区域核心竞争力，形成了各具特色、错位协同的产业发展格局。截至2021年底，环渤海地区已拥有北京、济南、青岛3个中国软件名城。

北京以海淀区和朝阳区为软件产业发展的核心，立足各区域功能定位，不断完善上下游产业链。海淀区是大部分软件和信息技术服务企业的聚集区，软件创新创业孵化最为活跃；朝阳区强化科技服务能力，不仅有阿里巴巴等上市企业，还有全市最多的跨国公司地区总部，工业互联网、人工智能、

集成电路、空间信息等特色产业集群化发展态势明显。其他各区特色鲜明，包括东城区和西城区的信息传输业、石景山区的文化创意和游戏动漫产业、大兴区亦庄开发区的云计算业务、门头沟区的中关村人工智能产业园等，既有高端芯片、基础软件，又有核心算法和行业整体解决方案，形成了完整的产业链。北京的消费互联网平台丰富度全国领先，产业互联网领域已形成“双跨+行业+技术”的平台体系，工业互联网的综合发展指数全国第一。

济南大力实施数字经济引领战略，推动软件名城提档升级，实现了软件和信息技术服务业快速增长。2021 年 1—11 月，实现软件业务收入 3525 亿元，增速达到 21.2%，增速位居副省级城市首位；占全省比重达 52.9%，连续 18 年位居全省首位。济南大力支持齐鲁软件园争创“中国软件名园”，全力打造数字先锋城市，同时加快密码应用与创新示范基地建设，围绕齐鲁软件园、数字经济产业园、明湖国际信息技术产业园等特色园区，打造大数据、区块链、信息安全等特色产业集群。此外，济南结合当地产业优势，打造了全国首个 BIM（建筑信息模型）软件产业园。

青岛的比较优势明显，“五名”特色突出（“五名”即名品、名企、名园、名展、名人），多管齐下，协同发展。青岛具有实力雄厚的工业基础，因此在工业互联网方面独具特色，具体领域包含云服务、工业软件、装备自动控制产品等。青岛全市工业互联网收入达到 1000 多亿元，占全部软件收入的 42%，成为优势特色产业，走在全国领先行列，形成了一批面向智能工厂、数字化车间、互联网工业平台的工业 App 和解决方案，大力开发了应用于各个专用领域的嵌入式软件，建立和完善了嵌入式软件公共服务平台。同时，青岛与华为、科大讯飞、商汤科技等行业头部企业开展密切合作，借助产业龙头带动产业链不断发展，加紧完善错位协同的产业布局。此外，青岛以各大软件产业园区为中心，发挥各区市产业错位发展优势，着手布局并全力打造云计算和大数据集聚区、虚拟现实集聚区、人工智能集聚区、区块链集聚区等新一代信息技术产业集聚区。

第十二章

长江三角洲地区软件产业发展状况

长江三角洲地区（简称长三角地区）包括上海、江苏、浙江和安徽。长三角地区是我国经济发展最活跃、开放程度最高、创新能力最强的区域之一，在国家现代化建设大局和全方位开放格局中具有举足轻重的战略地位。长三角地区也是全国软件和信息技术服务业最活跃的区域之一，产业规模约占全国的三分之一，各类新兴软件产品和新型软件服务层出不穷，形成了一批享誉国际的产业集群、创新共同体与龙头企业，成为我国软件产业发展强劲增长极，引领全国软件产业高质量发展。

第一节 整体发展情况

总体来看，长三角地区软件和信息技术服务业整体发展良好，产业规模不断提升，产业结构持续优化。2021 年，长三角一体化国家战略为长三角地区软件产业的发展提供了新的发展机遇，长三角地区充分发挥重点城市、龙头企业的牵引作用，不断集聚创新资源，持续完善产业格局，区域协同发展态势显现。

（一）产业收入

长三角地区软件产业在 2021 年整体保持高质量发展态势，业务收入稳步提升，发展水平位居全国前列。2021 年 1—11 月，长三角地区软件业务收入 27014 亿元，同比增长 19.5%；长三角地区软件业务收入占全国软件业务收入比重为 31.7%，基本与上年同期持平。其中，江苏、上海、浙江软件产业保持稳中向好态势，软件业务收入分别位居全国第 3、4、5 位；安徽软件业务收入虽占全国比重不高，但同比实现了 31.7%的增速。上海、南京和杭州作为三大中国综合型软件名城，软件产业实力保持全国领先地位；苏州是中国特色型软件名城，软件产业规模逐步扩大；无锡在2021年12月被工业和信息化部授予“中国软件特色名城”，成功成为全国第14个软件名城；宁波正在争创软件名城，软件产业发展蒸蒸日上；合肥正积极打造智能语音和人工智能产业聚集区，助力软件产业在电子政务、交通、教育等行业领域的应用。综合来看，长三角地区软件产业保持向好发展态势，已经初步形成二、三梯队城市与上海、南京、杭州等第一梯队城市错位互补的发展格局。

（二）产业结构

2021年，长三角地区软件产业结构持续优化，但软件产业四大细分领域的发展态势则呈现一定差异。综合来看，信息技术服务和嵌入式系统软件收入增长较快，软件产品收入增长相对较慢，信息安全产品和服务收入还有较大的增长空间。2021年1—11月，长三角地区软件产品收入6099亿元，同比增长3.4%，占全国软件产品总收入的28.0%；信息技术服务收入18110亿元，占全国信息技术服务总收入的33.1%；嵌入式系统软件收入2631亿元，同比增长9.0%，占全国嵌入式系统软件总收入的35.7%；信息安全产品和服务收入174亿元，占全国信息安全产品和服务总收入的10.6%，占比较上年下降了2个百分点。

（三）企业情况

长三角地区软件企业在2021年维持了较好的发展水平和态势，整体规模和实力全国领先，龙头企业稳步发展，初创企业成长较快。2021年1—11月，长三角地区纳统软件企业数量为11391家，较上年增加了435家，其软件企业总数占全国软件企业总数的27.3%。与此同时，长三角地区拥有中国软件业务收入前百家企业近30家，大数据智能企业数量全国占比最高。

第二节　产业发展特点

（一）引领地位稳步提升，名城名园双轮驱动

长三角地区的软件和信息技术服务业产业集聚效应明显。截至2021年，长三角地区共有南京、上海、杭州、苏州、无锡5个软件名城，占据全国软件名城数量的35.7%，其中南京是中国首个软件名城，上海是中国首个获得

此称号的直辖市。此外，长三角地区共涌现出上海浦东软件园、中国（南京）软件谷、苏州软件园、杭州软件园、宁波软件园、常州软件园、合肥软件园等 11 家国家级软件园。位于第一、二、三梯队城市的各个软件园错位互补、资源共享，借助产业基地的优势协同发展，形成了互利双赢、蒸蒸日上的良好局面。在软件名城和特色软件园区的引领与带动作用下，长三角地区的软件产业保持了高质量的发展态势，培育出了一批创新能力强、品牌形象佳、国际化水平高的各具特色的龙头企业与初创企业。

（二）资源要素供给充分，产业发展动能强劲

长三角地区在政策、技术、人才、企业等多方面都具有明显的优势。在政策方面，三省一市因地制宜，相继出台软件产业相关计划，全力扶持软件产业发展，不断优化自身的产业发展动能；同时，长三角地区更高质量一体化发展已经上升为国家战略，各地政府打破行政藩篱，加快要素自由流动，建设统一开放的市场体系，形成更加开放的长三角地区政策环境。在技术方面，长三角地区拥有上海张江、安徽合肥这两个综合性国家科学中心，集中了全国四分之一的“双一流”高校，包括浙江的浙江大学、江苏的南京大学、上海的复旦大学和上海交通大学、安徽的中国科学技术大学等名校，还建设了近 300 家国家级双创示范基地、国家工程研究中心和工程实验室，这些都为长三角地区软件产业的研究创新工作奠定了坚实的基础。在人才方面，长三角地区不断整合社会、企业、高校多方资源，建立健全了多层次、多类型的软件人才体系，为软件产业提供了数量充足、质量良好的人才队伍。在企业方面，长三角地区不仅形成了一批具有国际竞争力的大型软件企业，还培育了大批大数据、人工智能、工业互联网等新兴领域的中小型创新企业，如上海的中国银联、华讯网络、宝信软件，浙江的阿里巴巴、海康威视、大华技术，江苏的南瑞、熊猫电子，安徽的科大讯飞等。

（三）重点城市紧密联动，区域协同格局初现

长三角地区积极顺应中国经济发展趋势，组织产业联盟与创新交流活动，逐渐形成以重点城市为中心、整个区域协同发展的体系。三省一市基于自身优势，打造培育了特点各异的新技术、新产品、新应用，形成了优势互补的良好发展态势。

上海的基础建设、科技教育水平都处于国内领先地位，因此软件产业整

体创新能力强劲。上海聚焦提升软件产业核心竞争力，做优做强基础软件，加大在操作系统等领域的研发力度，提升通用算法簇等新兴基础软件的供给能力，对基础软件产业生态进一步完善；重点发展工业软件，面向工控领域、智能工厂等需求，着重发展电子设计自动化（EDA）、计算机辅助工程（CAE）等关键技术，增强工业软件与工业互联网、人工智能等融合带动效应；鼓励发展行业软件，强化银行、保险等关键核心系统的可靠性和安全性，推动智慧医疗等行业软件研发，强化系统集成，完善行业软件供给体系；加快发展平台软件，推进云原生、云中台等前沿技术攻关，推动轻量化平台软件融合发展与规模化应用推广；同时推进信息服务模式创新，壮大网络安全产业。

江苏积极实施软件关键核心技术攻关，加强技术布局和技术储备，实现创新驱动发展。在量子科技领域，包括量子计算、量子通信、量子测量等具体应用领域，共组织实施 4 个前瞻技术项目；专门设立“国产自主科学工程计算与建模仿真平台软件研发”定向择优任务专题，有望实现工业软件（如 MATLAB/Simulink 建模平台等）的国产替代；强化科技创新赋能和企业创新联合，支持高校、研究院所、大中小企业等创新资源的整合与协同攻关，充分激发创新活力，不断增强产业链与创新链韧性。

浙江软件产业向服务化、平台化、融合化发展。信息技术服务引领行业增长，尤其是以云计算、大数据、人工智能为代表的新一代信息技术，加速渗透包括物流行业在内的经济和社会生活各个领域。在数字安防、数字内容、智慧医疗、智慧交通等领域涌现出一批国内领先企业，对行业规模和效益贡献突出。2021 年，浙江登记软件著作权总量排在全国前 5 名。

安徽虽起步较晚，但依托长江经济带、长三角一体化、G60 科创走廊等战略优势，形成了智能语音及人工智能产业引领其他领域（如智慧城市、集成电路设计、智能终端等）的良好态势。合肥已拥有上千家重点实验室、工程（技术）研究中心、企业技术中心等各类研发机构，在类脑智能、量子信息、人工智能、机器人、智能语音等领域具有重要的国际影响力。合肥财政支持打造“中国软件名城”，通过政策支持引导，软件产业规模不断壮大，产业集聚效应明显，创新能力显著提升。龙头企业科大讯飞在语音识别、语音合成等领域技术全球顶尖，产品市场占有率常年位居同类第一；基于中文语音技术的智慧办公、智慧教育、智慧医疗等系列产品在国内市场份额达到 70%。此外，华为、BAT、中国软件、东华软件等一批互联网和软件头部企业纷纷落地，软件赋能城市建设管理和制造业提质增效作用日益明显。同时，合肥全面推进以城市大脑为统领的城市数字化转型，构建“政务云+城市中台+典型应用”的合肥城市大脑框架体系，全面赋能城市高质量发展，在解决信息资源整合难、城市公共服务协同难、信息基础设施统筹难等问题上发挥重要的作用。

第十三章

东南沿海地区软件产业发展状况

软件和信息技术服务业是支撑经济社会发展的基础性、战略性、先导性产业，是国际科技竞争和经济发展的重要战略制高点。东南沿海地区包括广东、福建、海南等地区，是我国软件产业发展的重要地区。

第一节　整体发展情况

（一）产业收入

东南沿海地区软件产业在2021年整体保持高质量发展态势，部分省份波动较大。2021年1—11月，东南沿海地区软件业务收入16809亿元，同比增长2.8%；东南沿海地区软件业务收入占全国软件业务收入比重为19.8%，与上年同期相比略有下降。其中，2021年1—11月，广东完成软件业务收入14414亿元，较上年同期增长11.48%，位居全国第2位；福建完成软件业务收入2287亿元，较上年同期下降29.5%；海南完成软件业务收入109亿元，同比增长28.9%。

（二）产业结构

2021年，东南沿海地区软件产业结构持续优化，但软件产业四大细分领域的发展态势则呈现一定差异。综合来看，信息安全产品和服务与信息技术服务收入呈现增长势头，嵌入式系统软件收入下降明显。2021年1—11月，东南沿海地区软件产品收入3157亿元，同比下降2.0%，占全国软件产品总收入的14.5%；信息技术服务收入11106亿元，同比增长13.8%，占全国信息技术服务总收入的20.3%；嵌入式系统软件收入2354亿元，同比下降

26.5%，占全国嵌入式系统软件总收入的 32.0%；信息安全产品和服务收入 192 亿元，同比增长 16.1%，占全国信息安全产品和服务总收入的 11.6%。

（三）企业情况

改革开放以来，东南沿海地区依靠地理位置优势及较低的劳动力成本优势，创新发展加工贸易，谋划境外合作布局，完善国际合作机制，聚集了大量的优质资源，涌现出华为、中兴通讯、金蝶、金山等一批明星企业。其中，华为是全球电信设备商前五强，也是业界唯一拥有计算架构中“CPU、NPU、存储控制、网络互连、智能管理”五大关键芯片的厂商；中兴通讯是全球 5G 技术研究、标准制定的主要贡献者和参与者；金蝶连续 17 年稳居中国成长型企业应用软件市场占有率第一，也是唯一入选 Gartner 全球市场指南（Market Guide）的中国企业 SaaS 云服务厂商；金山拥有猎豹清理大师、WPS Office 移动版等产品，在同类产品中名列全球第一。通过专业化的协作分工，东南沿海地区形成了特色鲜明、高度集中的电子信息产业集群，提升了区域竞争力。

第二节　产业发展特点

（一）集聚发展态势突出，重点园区发展较快

广东是信息产业发展的大省，其软件和信息技术服务业呈现与电子信息制造业相互渗透融合、相互促进的态势。其中，珠三角地区作为广东软件和信息技术服务业的主体，以软件园区+软件名城为载体，在促进软件产业集聚发展上成效显著。四大老牌软件园区各自具有特色鲜明的主打产品，包括广州天河软件园的应用型软件技术产品、珠海软件园的通用软件产品和行业软件产品、深圳软件园的面向港澳台和国际市场的软件产品、南海软件园的加工型软件产品。各地依托软件和信息技术服务业园区“筑巢引凤”，打造特色优势，进驻了大量软件厂商，形成了强大的产业凝聚力与辐射效应。在深圳、广州两个软件名城的带动下，珠三角乃至广东软件产业优势领域进一步发展。2021 年，广东登记软件著作权约 27 万件，占登记总量的 11.8%。其中，深圳在信息通信、金融科技、互联网等多个领域处全国领先地位。深圳的 5G 产业链利用华为、中兴通讯的技术和产品，涵盖终端、基站系统、网络架构、应用场景等各个环节，已达到相对完善。此外，深圳是七大全球

金融科技中心城市之一和亚太地区金融科技的领跑者，拥有平安科技、微众银行、腾讯金科等一批全球领先的巨型金融科技企业，其中15家入围毕马威金融科技50强，19家上市企业纳入香蜜湖金融科技指数。而广州在人工智能、区块链等领域具有显著优势，共承接人工智能产业区块26个，其中被定位为粤港澳全面合作示范区的南沙新区以南沙科学城为载体，以明珠科学园为重点，已拥有300多家人工智能类企业和一批优秀的科技创新人才。与此同时，广州推动人工智能技术在传统领域的应用，具体的应用场景包括智能医疗、智能政务、智能交通等，人工智能产业链已较为完善。

福建的软件名城包括福州和厦门。厦门在2019年被工业和信息化部授予“中国软件特色名城”称号，是全国第12个被授予此殊荣的城市。厦门在互联网、数字创意、行业应用等领域已形成较强的产业竞争力，同时打造重点软件园区，支持综合实力雄厚的软件园区积极申请创建国家级、省级知名产业园区，继续引导优势企业、重点项目向全市主要软件产业园区集聚，加快在优势领域高质量打造一系列特色“园中园”与“集聚区”。福州软件园的理念是“开放、共享、创新、协作”，积极建设面向所有软件企业的“共享开发空间”，构建技术、人才、产业协同载体平台，打造良好产业生态，推动创新驱动发展。2021年中国互联网综合实力前百家企业中共有7家闽企，全部集中在厦门和福州。

海南生态软件园坚持自贸港优惠政策和制度集成创新的“两手抓”及龙头企业深耕和标杆企业培养的“两条腿走”，积极开展面向未来的高质量发展行动，努力打造具有竞争力的海南自贸港特色的数字经济产业集群。2021年，海南生态软件园企业营收超过1000亿元，税收突破100亿元，同比增长164.6%；成功发起设立10亿元区块链创业投资基金，大力吸引企业入驻，不断提升园区人气，推动业务落地发展，已规模性进驻的头部企业包括腾讯、百度、字节跳动、阅文、唯品会等；以数字化技术重构产业生态，促进区块链企业云海链控股公司的成功并购；加速园区内创新型企业的成长，例如，元游信息位列2021年中国互联网综合实力前百家企业的第37名，椰云网络位列2021年中国互联网成长型前20家企业的第8名等。

（二）两化融合稳步推进，智慧城市建设升级

近年来，广东软件产业蓬勃发展，对经济社会发展的引领支撑作用凸显。一方面，广东立足自身制造业优势，推动软件产业和制造业深度融合、共同

发展，加强大数据、人工智能、区块链、5G 等新一代信息技术在原有制造业领域的应用，制造业数字化转型取得初步成效，全力建设工业互联网示范区，加速珠三角工业互联网布局，力争打造工业互联网创新发展高地；另一方面，广东在建设智慧城市的过程中，推动软件产业融入民生领域，促进软件企业在交通、医疗等具体应用场景中的快速成长。2021 年，广东全省累计建成 17 万座 5G 基站，居全国第一。截至 2021 年 10 月底，仅深圳就已累计建成超过 5 万座 5G 基站，总数占到全省近三成，基站密度位居全国第一。已基本实现 5G 网络在深圳全覆盖、广州主要城区连续覆盖、珠三角中心城区广覆盖。

福建厦门不断推进“数字厦门”建设，从数字政府、数字经济、数字社会、数据强市、新型基础设施、网络安全等领域全方位着手，积极推动软件和信息技术服务业与各领域的深度融合发展，通过“软件定义”加快完善城市新型基础设施建设，全面推进数字化改革，已涌现出多家行业领先的解决方案提供商，如美亚柏科、亿联网络、易联众等。

海南的数字产业链依托海南生态软件园、海口复兴城互联网信息产业园、陵水清水湾信息产业园、三亚互联网信息产业园、海口未来产业园等园区，集中于物联网、人工智能、区块链、跨境数字贸易等领域，围绕产业数字化，促进软件产业与现代服务业、高新技术产业、热带高效农业的融合，加快“智慧海南”建设，从而为国际一流高端商务服务环境、智能化人居发展环境、高标准自由贸易试验区和中国特色自由贸易港的构建提供技术支撑。

第十四章

东北地区软件产业发展状况

东北地区主要包括黑龙江、吉林、辽宁等地区，在新中国成立后的很长一段时间里都是我国经济最为发达的地区之一。作为曾经东北亚地区最先进的老工业基地之一，东北地区的重工业产值一度达到了全国的95%以上，为新中国的发展壮大做出了巨大的贡献。一方面，传统工业的发展为制造业企业数字化转型提供了宝贵可靠的经验数据，极大促进了大数据技术、工业软件、嵌入式软件等领域的发展进步；另一方面，传统工业发展思维也不同程度地制约了信息技术服务业的创新与成长，导致东北地区软件产业的总体发展情况不容乐观。

第一节　整体发展情况

（一）产业收入

2021 年，东北地区软件和信息技术服务业发展稳中有进，但与东、中、西部地区的差距进一步拉大。2021 年 1—11 月，东北地区完成软件业务收入 2301.9 亿元，同比增长 13.3%，占全国软件业务收入比重为 2.7%。这显示出东北地区虽然实现了一定水平的软件业务增长，但离全国平均水平还相距甚远，东北地区的软件业务收入在全国的比重稍有下滑。

（二）产业结构

2021 年 1—11 月，在东北地区软件业务收入 2301.9 亿元中，软件产品收入达 992.3 亿元，同比增长 13.2%，占软件业务收入比重为 43.1%，所占比重与上年同期基本持平；信息技术服务收入达 1059.5 亿元，同比增长

13.5%，占比为46.0%；信息安全产品和服务收入达140亿元，同比增长15.7%，占比为6.1%；嵌入式系统软件收入达110.1亿元，同比下降20.4%，占比为4.8%。

从分省情况来看，辽宁依然是东北地区软件产业的龙头老大。2021年1—11月，辽宁软件业务收入达1822.7亿元，同比增长12.6%，占东北地区软件业务收入的79.2%。在最新的全国软件业务收入排名中，辽宁位列第13名，排在北京、广东、江苏、上海、浙江、山东、四川、福建、陕西、天津、重庆和湖北之后。其中，软件产品收入与信息技术服务收入在辽宁软件业务总收入中占比较高，分别为871.0亿元和806.7亿元，同比分别增长12.9%和12.8%，占比分别为47.8%和44.3%；信息安全产品和服务收入为133.7亿元，同比增长9.8%；嵌入式系统软件收入为11.3亿元，同比增长13.1%。

吉林与黑龙江的软件和信息技术服务业发展水平较低。2021年1—11月，吉林软件业务收入为455.8亿元，同比增长14.6%。其中，软件产品收入为112.6亿元，同比增长13.1%，占吉林软件业务总收入的24.7%；信息技术服务收入为230.6亿元，同比增长16%，占吉林软件业务总收入的50.6%；信息安全产品和服务收入为3.1亿元，同比增长6.2%；嵌入式系统软件收入为109.5亿元，同比增长13.6%，占吉林软件业务总收入的24.0%。

2021年1—11月，黑龙江软件业务收入为38.1亿元。其中，软件产品收入及信息技术服务收入分别为8.6亿元和22.4亿元，合计占黑龙江软件业务总收入的81.4%；信息安全产品和服务收入为3.2亿元，嵌入式系统软件收入为3.9亿元，合计占黑龙江软件业务总收入的18.6%。

第二节　产业发展特点

（一）重点城市引领发展，核心园区促进集聚

2021年，东北地区的软件和信息技术服务业分布格局没有出现较大变动，还是主要以沈阳、大连为主，大连软件园、沈阳软件园、哈尔滨软件园等优秀园区集聚发展。

辽宁软件产业以沈阳、大连为主，以其他地市为辅。沈阳、大连两市软件信息化产业集聚效应明显，产业收入之和在全省占比超过98%，已建成的软件创新中心和技术联盟达十余个，涵盖云计算、自动化控制、数字化制造、智能航海、智能交通等诸多特色领域。在全省战略性新兴产业中，软件服务

业在研发投入量和知识产权拥有量上都处于领先地位。大连高新区确立了“1+6”主导产业发展方向：“1”是做大做强数字经济，将已有的软件和信息技术服务业集群转型升级；“6”是推动数字技术垂直应用，重点培育发展洁净能源、新材料、生命科学、智能制造、海洋科技、文化创意六大新兴产业集群。大连高新区共有科技型企业4694家，总收入超过千亿元：软件和信息技术服务业共有企业3737家，聚集了大连 80%的软件企业，营业收入全市占比超过90%，东软、华信连年位居中国软件出口前3名；智能制造产业聚集企业469家，华录·松下获评国家第5批“制造业单项冠军示范企业”，优迅科技成为全球领先的 5G 传输芯片供应商。沈阳国际软件园已入驻企业1453家，包含世界500强企业48家、中国软件百强企业23家、上市公司及子公司103家，驻园企业员工总数近4万人。园区内企业主要从事工业软件与工业设计、软件与服务、电子商务、互联网大数据等 30 多个行业。园区通过外引内育的模式，吸引了大批国内外知名企业和研发中心入驻，包括飞利浦全球研发中心、Dell EMC、SK、亚信科技、阿里巴巴、腾讯·大辽网等企业。

黑龙江的产业园区主要分布在哈尔滨和大庆，拥有哈尔滨软件园、大庆软件园、黑龙江省地理信息产业园、黑龙江省动漫产业发展基地等多个软件产业园。这些产业园区横跨软件研发、软件人才培养、投融资、离岸外包、教育培训、科技产品交易等多个行业。

吉林软件产业集聚效应日益明显。吉林的软件园区主要集中于长春市、吉林市、延边市，软件企业数量和软件业务收入在全省占据相当大的比重。根据优势产业和地理位置的不同，长春软件园主要发展汽车软件、网络与信息安全软件等，吉林软件园主要发展嵌入式软件等行业应用软件，延边中韩软件园面向国际发展软件外包和信息服务。

（二）软件赋能工业发展，工业软件持续壮大

东北地区作为重工业基地，在工业软件上具有深厚的工业基础，同时工业软件为工业基地的振兴提供了强大的动力。东北地区提升工业软件研发能力，共建联合实验室和研发中心，构建自主可控的产业创新体系，助力工业技术、经验和方法的数字化和工具化，积极打造一批优质工业 App 与平台，推进创新成果规模化、产业化。东北地区工业软件产业的优势可分为4点。第一是面向国内外两个市场，在积极开拓国内市场的同时抓住国际市场，培

育了一批工业软件产业领先企业，包括东软、华信、文思海辉等。第二是加强体制和技术创新，辽宁是最早制定软件产业发展政策的省份，注重产学研结合与创新，在重要领域保持行业领先地位。第三是注重人才培养与发展，全地区有近百所高校开设了计算机类、电子信息类专业。第四是创建园区与服务平台，如位于辽宁的大连软件园、沈阳国际软件园等在全国都具有一定的影响力。

第十五章

中西部地区软件产业发展状况

软件产业是信息社会的基础性、战略性产业，是国民经济和社会发展的“倍增器”。中西部地区是我国覆盖面积最大、包含省市最多的区域，包括河南、陕西、山西、内蒙古、湖南、湖北、四川、重庆、江西、云南、贵州、广西、宁夏、甘肃、青海、西藏、新疆 17 个省份（本书将安徽省列入长江三角洲地区，故排除在中西部地区外），其中山西、江西、湖南、湖北、河南属于中部地区，陕西、内蒙古、四川、重庆、云南、贵州、广西、宁夏、甘肃、青海、西藏、新疆属于西部地区。

第一节　整体发展情况

（一）产业收入

从中部、西部分开来看，2021 年 1—11 月，中部地区和西部地区完成软件业务收入分别为 3486 亿元和 10214 亿元，同比分别增长 25.7%和 18.6%，占全国软件业务收入比重分别为 4.1%和 12.0%。四川、重庆、陕西等西部地区发展势头较强，依托地域、文化、人才等优势，经济发展带动性和辐射性强，对软件产业发展要素的吸引力不断增强，具有较强成本优势。长沙、武汉等中部城市也加快崛起，形成了规模较大的软件产业发展集群。

（二）产业结构

2021 年 1—11 月，西部地区软件和信息技术服务业保持快速增长，纳统软件企业数量达 5413 家，较上年同期增长 2.4%；中部地区纳统软件企业数量为 3821 家，较上年同期下降 1.6%。在信息技术服务收入方面，西部地区信息技术服务收入为 6656 亿元，同比增长 20.9%；中部地区信息技术服务收入为 1968 亿元，同比增长 46.7%；中西部地区信息技术服务收入占中西部地区软件业务收入比重为 62.9%，较上年有所提高。在嵌入式系统软件方面，西部地区嵌入式系统软件收入为 692.3 亿元，同比增长 17.5%；中部地区嵌入式系统软件收入为 190 亿元，同比增长 24.8%；中西部地区嵌入式系统软件收入占中西部地区软件业务收入比重为 6.4%，较上年有所降低。在软件产品方面，西部地区软件产品收入为 2703.2 亿元，同比增长 13.2%；中部地区软件产品收入为 1251.5 亿元，与上年同期相比略有下降；中西部地区软件产品收入占中西部地区软件业务收入比重为 28.9%，较上年有所降低。

第二节　产业发展特点

（一）软件名城带动发展，示范作用不断增强

成都积极把握成渝地区双城经济圈建设的战略机遇、新消费带来的市场机遇、新基建建设的政策机遇和国产软件发展的窗口机遇，对标国家软件发展战略，依托成都软件资源禀赋，着力构建国际国内特色优势，坚定不移加快推动软件产业高质量发展。成都软件产业规模已经突破 5000 亿元，城市与产业协同共生，顶层设计与重点领域突破良性互动。在 2021 年工业和信息化部公示的两批共 25 个先进制造业集群决赛优胜者名单中，“四川省成都市软件和信息服务集群”处于第二批，从全国的软件和信息技术服务领域的产业集群中脱颖而出，成为“国家先进制造业集群”，开辟了成都软件产业发展的新赛道。作为国家级软件产业园区，天府软件园核心区已经吸引了 IBM、SAP、EMC、飞利浦、马士基、西门子、爱立信等众多国内外知名企业落户。园区已形成应用软件、通信技术、IC 设计、大数据、云计算、移动互联、数字娱乐、共享服务中心等几大产业集群，是国内外知名软件和信息技术服务企业在华战略布局的重要选择地。

（二）软件园区助推集聚，以点带面作用凸显

软件产业园区成为中西部地区经济发展重要助推器。成都天府软件园是首批“国家软件产业基地”、首批“国家备案众创空间”、首批“国家数字服务出口基地”之一，也是国家级科技企业孵化器及国家创新人才培养示范基地，更是中国最大的专业软件园区，已成为成都软件与服务外包产业的核心

聚集区和西部地区领先的专业化科技园区。湖南长沙软件园是国家首批“四大软件园”之一，以长沙高新区信息产业园为核心区，近年来园区软件信息及移动互联网产业蓬勃发展，规模以上企业逆势上扬，软件产业发展形势良好，引进了CSDN总部项目、万兴科技总部项目、文思海辉区域总部项目等一批重大项目，共吸引软件及互联网企业200余家入驻。湖北武汉光谷产业园软件和信息技术服务业取得了长足发展，软件和信息技术服务业收入突破1600亿元，占全省软件业务收入七成以上，占武汉软件业务收入近八成，成为东湖高新区乃至全省经济增长的重要驱动力。重庆软件园引入具有成都天府软件园成功运营管理经验的核心团队，依托中国智谷（重庆）科技园、重庆5G产业园等产业平台，聚焦人才与产业“双轮驱动”理念，着力引进培育数字文创、软件、物联网、工业互联网、大数据、5G、人工智能、信息安全等产业，加快推进区域数字经济高质量发展。丝路软件城作为西安高新区软件和信息技术服务业的核心承载区，已经具备雄厚的产业基础。数据显示，丝路软件城区域内聚集了陕西90%以上的软件和信息技术服务业企业，落地了施耐德、西门子、艾默生、华为、阿里巴巴、中软国际、海康威视、易点天下等一大批龙头企业，并以此形成了集成电路、跨境电商、大数据与云计算、数字创意、信息安全五大产业协同发展的格局，聚集企业2800余家，软件和信息技术服务业从业人员达23万余人。

（三）汽车软件特色突出，加快形成新增长极

汽车软件是软件产业发展的一个新赛道，需要通过发挥集群效应来建立竞争优势。中西部地区建设汽车软件产业基地在全国具有示范意义，能够构建宽容的创新生态，融合产业链、创新链、供应链，打造创新的升级版，成为基地赢得未来竞争的关键点。中西部地区的汽车、电子、装备制造等产业发达，上下游产业链完整，形成了丰富的应用场景，为汽车软件产业领域发展奠定了扎实的工业基础，其后续将带动产品市场不断扩张，形成“链条效应”和示范效应。中西部地区已聚集中国软件百强企业12家、汽车智能化龙头企业20家、汽车核心软件研发企业300家、汽车配套软件交付企业1000家，为奔驰、宝马等20余家品牌车企提供智能化产品服务，整车装载量超过1000万辆。

园 区 篇

第十六章

北京中关村软件园

第一节　园区概况

中关村软件园于 2000 年成立，是国家自主创新示范区中的新一代信息技术产业高端专业化园区，是北京建设世界级软件名城核心区，是京津石高新技术产业带的重要园区，当前已经成长为我国创新驱动能力的展示窗口、国际合作与技术转移的重要推手、关键核心技术突破的重要角色。中关村软件园先后被国家相关部委等授予“国家软件产业基地”“国家软件出口基地”“国际科技合作基地”“国家火炬计划软件产业基地”“国家级工程实践教育中心”“国家软件与集成电路人才国际培训基地”“2020 年中国最具活力软件园”等。中关村软件园正在着力打造新技术、新产品的试验场和试验田，成为北京智慧标杆城市建设的先导区。中关村软件园正以北京“两区”建设新发展格局为发展目标，推动北京建设成为“全球数字经济标杆城市”，积极建设数字贸易港，打造引领数字经济发展的新高地。中关村软件园已经迈入了产业园区发展的 4.0 时代，围绕投资热度、人才环境、政策、未来产业发展、地理区域、创新和服务七大园区发展模式，探索构建创新服务和业务拓展网络，通过管家式服务体系，首创科创管家服务标准。中关村软件园从企业全生命周期出发，在原始创新、孵化加速、规模发展、市场放大及产业创新全要素等过程，持续打造创新生态体系，不断扩大服务运营效果。

历经 20 余年发展，中关村软件园始终站在行业创新发展的最前沿，园区企业不断创新突破、更新迭代，优秀企业不断涌现，汇聚了百度、腾讯（北京）总部、联想（全球）总部、新浪总部、滴滴总部、科大讯飞（北京）总部、亚信科技、千方科技、软通动力、广联达、启明星辰等 IT 核心企业，在大数据、人工智能、云计算、数字孪生、5G、物联网、区块链等领域突破关键核心技术。截至 2021 年底，在园企业达 745 家，园区企业总收入达到 4295.4 亿元，比 2020 年增加了 27.6%，每平方公里收入达到 1652.1 亿元。园区数字经济高度集中，产业结构正在不断升级，已经成为软件信息行业智力最密集、创新最活跃、产业最集中、单位经济产出最高的科技园区。

中关村软件园作为大力推进数字经济产业和产业经济数字化的重要中坚力量，在“十四五”时期将发挥重要作用。园区依托强大的技术支撑能力，全力打造智慧园区。目前， 5G 信号覆盖园区，为园区万物互联奠定基础设施基础，分布式数据中心以庞大的运行能力支持园区工作。未来，中关村软件园将进一步以前沿技术驱动“十四五”时期数字经济产业高速发展。

第二节　重点行业发展情况

（一）大数据

近年来，中关村软件园瞄准世界创新前沿，推动各项大数据项目落地。作为“大数据行动”先行先试园区，中关村大数据产业联盟于 2012 年成立，其筹办的中关村大数据日也成为引领数字经济风向的行业生态大会。多年以来，中关村大数据日从引领大数据产业集群建设、建设协同创新平台、聚焦前沿动态出发，为数字经济产业的蓬勃发展带来了重要力量。近年来，中关村软件园从当下我国数字经济产业发展的难点、痛点出发，于 2019 年成立“区块链+专委会”聚焦区块链与大数据融合；2020 年伴随全球数字经济发展格局变化和我国开源生态体系构建，紧抓“科创中国”开源试点契机；2021 年第十届中关村大数据日活动，“中关村大数据产业联盟消费大数据专委会”“中关村大数据产业联盟标准专委会”分别揭牌成立，“元宇宙生态资源共享推进计划”正式启动。

中关村软件园依托丰富的数据资源和强大的应用市场优势，在大数据关键技术研发领域不断取得突破，始终领跑大数据技术创新前沿，形成了数据采集、处理、存储、计算、应用的全产业链，充分利用大数据挖掘、处理、分析、应用等技术解决产业难题，超前布局人机交互、人工智能、虚拟现实等领域，建立大数据关键技术专利池和标准体系。京东、美团、百度已成为平台型领军企业，58 同城、滴滴、多点、贝壳找房等已成为细分领域数据平台。

（二）人工智能

中关村管委会率先发布了《中关村国家自主创新示范区人工智能产业培育行动计划（2017—2020年）》，中关村软件园成为我国人工智能政策先行先试园区。园区企业在人工智能创新和市场化应用等领域不断开拓，已经成为引领全国乃至全球的人工智能创新生态。在算法研究领域，“Fire Up超级开发者”中关村数字科技联合创新大赛、中关村前沿大赛为前沿技术项目和企业开拓平台，声加科技SVE3100P通话降噪算法、中关村科金人脸识别算法等前沿算法不断涌现。在开源建设领域，中关村软件园作为开源创新社区“科创”首批试点，以“建设开源生态”为目标，积极打造“科教新区、创新社区、产业园区”三区联动的开源生态样板间，与CSDN签署战略合作协议共建“中关村国际开源社区”。园区领军企业积极构建开源生态，如易捷行云发布了EasyStack云平台，腾讯布局了云原生操作系统社区OpenCloudOS，华胜天成、亚信科技等企业也在数据库开源等领域积极布局。在构建深度学习开源框架上，百度、旷视、一流科技等多家企业接连开源了自身研发的深度学习框架。园区围绕中关村示范区241X产业布局，紧盯人工智能领域技术前沿，不断提升园区在人工智能领域的核心竞争力。在前沿技术领域，园区企业亚信科技作为2021“中国人工智能领航企业”，其“5G网络边缘AI一体机”斩获“人工智能年度十佳产品”奖项，已形成包括AISWare AI^2 全域人工智能平台、AISWare AIOps全域智能运维平台、AISWare AIRPA流程智能化机器人及AISWare Edge AI 5G网络边缘AI一体机等在内的系列人工智能产品，广泛赋能政务、通信、金融、能源、交通等垂直行业。

（三）5G

一方面，园区在5G领域关键核心技术、5G关键核心芯片领域技术、射频天线功率放大器等新兴关键技术领域产业构成丰富；另一方面，积极挖掘丰富5G+垂直行业应用的场景，加强应用场景建设落地，推动产业集聚发展，打造全国领先的5G示范园区。中关村5G创新大赛及智慧园区场景赛成功举办，深入发掘并孵化5G特色应用项目在中关村示范区的落地聚集，加快5G融合创新场景的建设速度。为提升园区的智慧化管理水平，智慧慢跑道、智慧导览、智慧电子站台、4D+VR驾乘体验、无人车应用等5G技术应用成果已在园区覆盖体验；同时，园区与百度、滴滴等知名企业合作，打造无人驾驶、车路协同应用体验场景，构建5G应用体验场景。

第十七章

上海浦东软件园

第一节　园区概况

上海浦东软件园成立于 1992 年，是全国最早成立的软件园之一，也是上海乃至全国的软件产品、技术和人才的集散地，自成立之初就承载着推动中国软件产业发展的重要使命。作为“部市合作”的典范，浦东软件园承载着几代领导人对发展新兴产业的殷切期望。在各级政府、中国电子和张江集团两大股东的支持和带领下，浦东软件园以滚动开发的模式先后打造了郭守敬园、祖冲之园、三林世博园、昆山园、川沙园及三林园，其中除川沙园外剩下五大园区均已投入运营。2021 年 7 月，三林园二期工程正式开工，二期园区集商务办公、总部基地、购物休闲、科技研发、会议论坛、文化交流等功能于一体，将全面提升浦东软件园三林园的规模体量，丰富空间产品形态，完善区域商业配套。建成后的浦东软件园三林园总建筑面积将突破 25 万平方米，有望成为浦东西南区域集聚度最高、规模最大的新兴产业园区。

经过近三十年的发展，上海浦东软件园已经形成比较完整的上下游产业链，园区产业特征清晰、技术创新活跃、人力资源优秀、服务功能完善、辐射范围广泛、集聚效应显著。园区已形成包括移动互联、人工智能等在内的七大产业集群，从业人员总数已超过 45000 人，共有企业 1600 余家，提供的产品与服务超过 10000 种，园区的产业示范和引领作用日渐显著。与此同时，浦东软件园按照“创新驱动、转型发展”的思路，建立以龙头企业为主体、产学研联合的发展机制，形成了需求牵引、创新应用的发展模式，在信创、元宇宙、工业软件等领域的产业布局也在持续加快。

在企业培育方面，上海浦东软件园聚集了国内乃至国际上众多在技术、产业等方面领跑的软件企业。在信创领域，2021 年园区内达梦数据、酷栈科技、数讯信息、七牛云、上讯信息等入围“2021 年度中国信创 TOP500”榜单。在 ERP 领域，园区企业 SAP 荣列权威媒体人民网“人民匠心 2021 年度品牌推荐案例”展示，充分肯定了企业在数字化领域的标杆地位。

在软件企业竞争力方面，浦软平台、微创软件、帜讯信息、上讯信息等多家园区企业入选上海市软件行业协会评选出的“2021 上海软件核心竞争力企业”名单；中国银联、花旗金融信息、微创软件等企业入选“2021 上海软件和信息技术服务业百强”名单；康希通信、成括信息、艾拉比智能等被评为“2021 上海软件和信息技术服务业高成长百家”企业。2022 年 4 月，上海市科学技术委员会公示了上海市 2022 年第一批入库科技型中小企业名单，望繁信、兑观科技、歌晨信息、达观数据、跬云信息、极维信息等多家园区企业入围。

在企业投融资方面，2021 年园区企业克服新冠肺炎疫情带来的不利影响，不断创新突破，接连获得行业及社会资本的高度认可。2021 年 7 月，森亿智能完成 5 亿元人民币 E 轮融资，用于在智慧医院、智慧卫健等方面整体解决方案的研发投入。同样在 7 月，望繁信完成由凯泰资本独家投资的 6000 万元人民币 Pre-A 轮融资。作为中国首家流程挖掘企业，望繁信最新产品提供流程可视化、流程指标分析、自定义 Dashboard、异常流程监测等功能，并适配多个 OA、ERP 系统及主流数据库，已经为国内多家行业标杆企业提供流程智能服务。2021 年 12 月，PPIO 完成新一轮金额超亿元人民币 A-1 轮融资。PPIO 已先后完成多轮融资，累计融资额超过 3 亿元。本轮融资将主要用于 PPIO 边缘云原生技术持续研发和拓展更多服务场景，PPIO 后续将继续深耕音视频行业，并重点开拓云游戏、分布式云渲染、边缘 AI 等新兴场景领域的商业化落地。

在品牌塑造方面，在荣获“国家软件产业基地”“国家软件出口基地”“国家数字服务出口基地”“国家新型工业化产业示范基地”等多项国家级殊荣后，浦东软件园持续聚焦推动软件产业高质量发展的主线，不断强化园区内产业发展布局和资源配置，形成了强大的创新能力和发展后劲。在 2022 年 3 月公布的上海市软件和信息服务产业基地名单中，上海浦东软件园荣获“示范型综合基地”称号，上海浦东软件园三林园荣获“示范型特色基地”称号。与此同时，浦东软件园还积极推动与相关兄弟单位的战略合作，不断加强优势互补。2021 年 9 月，上海浦东软件园与金融数据港在鑫智汇金融科技产业园正式签订战略合作协议。此次战略合作是张江特色产业园区围绕产业定位进行的“园园合作”的重要探索，双方将在创新创业平台打造、产业互动平台搭建、科技投资平台创建等方面共同发力，建立全新的组织机制和合作模式，实现优势互补、产业共兴。

第二节 重点行业发展情况

（一）3D 打印

园区拥有大批后端从事应用服务开发的企业，已经具备有利的区位竞争优势。特别是由园区内智位机器人公司研发的 DreamMaker 桌面型 3D 打印机已经成功面市，此款产品是市面上同类产品中打印尺寸最大、打印速度和打印精度最高的，而该产品的售价只有国外同类产品的三分之一。

（二）网络安全

在数字经济时代，网络安全与数据安全已成为事关国家安全与社会经济发展的重要课题，其战略地位愈发凸显。上讯信息长期致力于安全产业的技术研发与应用创新，是国家级专精特新“小巨人”企业、优秀专利试点单位、上海创新型软件核心竞争力企业。其 ADM 产品“数据库快速恢复方法及设备”专利获知识产权高价值专利产业化实施国家级奖项资助。2021 年 12 月，上讯信息成功入选《CCSIP 2021 中国网络安全产业全景图》，入围数据安全等 14 个一级榜单，入选加密机等 41 个细分领域。

（三）大数据

自开园以来，友邦保险、花旗银行和高通公司等知名企业就把数据中心建在园内。近年来，园区还在云平台开发建设、文本智能处理、数据挖掘、云存储、数据管理、数据库自主创新等领域涌现出汇智软件、达观数据、锦融决策、七牛云、信核数据、运筹信息、达梦数据等一大批优秀企业。其中，达梦数据掌握着数据管理与数据分析领域的核心前沿技术，拥有全部源代码和完全自主知识产权，在国产数据库领域持续领跑。其自主研发的达梦启云数据库云服务系统 DMCDB，将云计算技术和国产关系型数据库深度融合，实现了数据库服务的“按需申请、开箱即用、秒级发放”。DMCDB 已经在多个公有云、政务云及党政机关单位中成功应用，先后在中国移动云、深圳市发改委“智慧发改”等十余个生产项目中落地，最大部署规模达到近 30 个物理节点，支撑上百个业务系统运行。

第十八章

四川成都天府软件园

第一节　园区概况

成都天府软件园核心区位于成都高新区、四川自贸区核心区，是中国西部发展软件和信息技术服务业领先的专业化科技园区。成都天府软件园是首批“国家软件产业基地”、首批“国家备案众创空间”、首批“国家数字服务出口基地”之一，也是国家级科技企业孵化器及国家创新人才培养示范基地，被工业和信息化部认定为“中国骨干软件园区第 3 名”。2021 年，成都天府软件园在中国软件大会中荣获“2021 中国软件和信息服务业领军产业园区”。成都天府软件园包括天府软件园、AI 创新中心、瞪羚谷・数字文创园、创业场，着力打造“一园多点”空间布局，建立了包括企业服务、人才服务、创业孵化、公共技术平台、品牌服务、虚拟园区、海外拓展及金融服务在内的八大园区服务体系。成都市高新区 2022 年政府工作报告中明确提出，启动天府软件园二期策划，推动瞪羚谷天府长岛一、二期加快企业导入，在“十四五”时期强化园区平台建设，进一步培育创新链发展。

天府软件园核心区已经吸引了 IBM、SAP、EMC、飞利浦、马士基、西门子、爱立信、Dell、Wipro、DHL、普华永道、NCS、Garmin、阿里巴巴、腾讯、宏利金融等众多国内外知名企业落户。天府软件园结合园区优势资源，为初创企业提供创新型的全面创业孵化服务，医联（Medlinker）、极米科技、咕咚、tap4fun、Camera360、TestBird、狮之吼（LionMobi）、鲁大师等本土企业依靠园区孵化、成长、壮大。2021 年 3 月，极米科技在上海证券交易所举行敲钟仪式，正式登陆科创板；4 月，成都拟合未来科技有限公司旗下的家庭科技健身品牌 FITURE 宣布完成 3 亿美元 B 轮融资；5 月，天府软件园企业四川新闻网传媒（集团）股份有限公司在深圳证券交易所成功挂牌上市登陆创业板；12 月，未来医生（原企鹅杏仁）已并入医联集团成为事业部，成为一家新的超级独角兽企业。园区已形成应用软件、通信技术、IC 设计、大数据、云计算、移动互联、数字娱乐、共享服务中心等几大产业集群，聚焦 5G 通信、数字文创、人工智能等产业主攻方向，是国内外知名软件和信息技术服务企业在华战略布局的重要选择地，是本土创业孵化器的标杆平台。

第二节　重点行业发展情况

（一）5G

作为国内知名的创新地标，天府软件园及 AI 创新中心聚集了一大批包括鼎桥&中国信通院 5G 行业终端与应用创新中心、中移成研院&新华三 5G 联合实验室、四川省信息技术应用与保障创新中心、中国移动 5G 产业生态合作伙伴中心、爱立信成都研发中心、西门子在内的 5G 通信技术领军研究院及企业。致力于 5G 和下一代存储技术等领域研发的新华三成都研究院于 2021 年 7 月启动量产自主研发的可编程网络处理器芯片“智擎 660”，这是国内唯一支持高级语言编程的网络处理器芯片，可广泛应用于路由、交换、安全、无线等数据通信领域。在“三云两网”战略的指引下，新华三作为数字化解决方案领导者，在 5G 时代运营商网络转型及业务转型中发挥了重要作用。中国移动（成都）产业研究院搭建的 5G SA（独立组网）智慧医疗专网，被运用于郑州大学第一附属医院的移动查房车；“5G 医疗急救车”在宜宾长宁地震救援中成功应用，实现了医疗专家远程会诊开展救援；“5G 热成像人体测温系统”在天府软件园复工人数较多的楼宇中进行体温检测。该研究院已在教育、医疗、农业、无人机、扶贫、应急等多个领域提供了 5G+解决方案，引领了“5G+AI+医教农”行业技术方向。下一步，快手将在园区内打造国内首个“5G+短视频产业基地”，计划在短视频领域打造孵化空间、创作服务平台等生态，以期引进、培育文创企业、MCN 机构等，建设数字文创、短视频产业集群。天府软件园 5G 通信产业在 5G 基站、云计算、大数据、人工智能、物联网、区块链、金融科技、VR/AR、在线教育、智慧医疗等领域实现了技术研发的不断创新及应用场景的全面发展。

（二）人工智能

天府软件园及 AI 创新中心是支撑成都建设国家新一代人工智能创新发展试验区、国家人工智能创新应用先导区、中国西部（成都）科学城的核心高品质科创空间之一，主要聚焦 AI、5G、大数据、网络安全、工业互联网、车联网、卫星互联网等新经济细分领域，重点布局平台生态型龙头企业研发总部、结算总部、区域总部等功能性总部及国家实验室、国家制造业创新中心、技术创新中心等高能级科创平台（新型研发机构），正奋力打造“中国智谷”。AI 创新中心一期已聚集百度、中国移动（成都）产业研究院、新华三成都研究院、快手直播电商全国总部、网易成都数字产业基地、中科创达西部总部、绿盟科技西南区总部基地等 5G 与人工智能重点项目，其中包括百度 Apollo 西部智能驾驶创新中心、国家级工业软件协同攻关和体验推广中心、工业云制造（四川）创新中心、工业信息安全（四川）创新中心、海光集电、亚马逊云科技联合创新中心、新加坡创新中心、岷山科技大厦、IC 设计中心等高能级科创平台（新型研发机构）。百度智行成都公司作为全球智能驾驶头部企业，于 2021 年 4 月启动百度成都 5G 智慧城智能驾驶项目，至今成都首批无人驾驶号牌的 12 台智能网联汽车已开始路测。该批智能网联汽车基于百度 Apollo 自动驾驶开源平台开发，采用业界最先进的自动驾驶技术方案，车辆运行过程中“成都 5G 智慧城智能驾驶 ACE 引擎平台”可将路测车辆及路口的情况数字化实时展现，运用先进 AI 算法进行处理，可让测试车辆实时掌握整个测试片区的交通情况，提前规避道路障碍及安全风险，以实现最高安全等级的自动驾驶。智元汇是国内城市公共交通智慧平台建设与场景运营领域最具代表性的“AI+大数据”应用领军企业，2021 年 9 月，由智元汇研发建设的成都地铁“智慧乘客服务平台”全网上线开通，包括远程智能测温防疫系统、智慧安检系统，以应用规模、产品完成度引领国内“智慧城轨”一体化项目。成都拟合未来科技有限公司作为 2021 年新晋独角兽企业，依据“硬件+内容+服务+ AI”的智能健身理念，由核心 AI 技术打造，集硬件、丰富课程内容、明星教练和社区于一体推出产品“FITURE Slim 魔镜”，是全球首款“AI+智能硬件”的家庭科技健身产品，通过 AI 摄像头对人体骨骼点的捕捉，辅以自主研发的“FITURE Motion Engine”运动追踪引擎，可实现人机交互。

（三）数字文创

天府软件园是全国首批“国家数字服务出口基地”之一，具有国内首个国家级超高清视频产业基地“中国（成都）超高清创新应用产业基地”。天府软件园及瞪羚谷·数字文创园重点围绕游戏电竞、影视动漫、数字文创、数字音乐、数字传媒等产业方向，打造中国西部高品质公园产业社区典范，目前已经形成以可可豆动画影视、咪咕音乐为代表的本土数字文创主体，吸引了腾讯新文创总部、阿里巴巴娱乐文化集团、爱奇艺潮流文化坊、今日头条、墨境天合数字图像、云想控股短视频创新中心、中国广电、完美世界天智游、成都广电喜马拉雅、北京中体明星（刘天池表演工坊）、同程艺龙西南总部、泸州老窖创意文化中心等行业头部企业，为成都打造千亿级数字文创产业集群添砖加瓦。腾讯新文创总部是腾讯在全国范围内设立的首个功能型总部，打造了《王者荣耀》国民现象级游戏。爱奇艺潮流文化坊是爱奇艺国内首家集线下生态赋能与深化文创体验于一体的文创产业服务载体，将通过爱奇艺平台资源，从资金、技术、商业、渠道等方面赋能成都文创企业，与政府及多家企业联合发布了数字经济产业“AORTA”扶持计划。泸州老窖创意文化中心落户在园区内，主要打造动漫人物、原创 IP 音乐、短视频、直播等数字化产业链。

第十九章

江苏南京软件谷

第一节　园区概况

中国（南京）软件谷成立于 2011 年 8 月，位于南京主城的西南部，是全国最大的通信软件产业研发基地，也是全国首批、江苏唯一的国家新型工业化产业示范基地（软件和信息服务）。自成立以来，园区先后获得中国服务外包基地城市示范区、国家火炬计划现代通信软件产业基地、国家级服务业标准化试点园区、国家数字出版基地、国家级博士后工作站等多项国家级荣誉。

软件谷共分为北园、南园、西园三大园区。北园依托华为、中兴通讯、三星、步步高等一批行业领军企业，重点建设具有全球竞争力的通信软件及移动智能终端产业研发基地。南园以中兴通讯三区、亿嘉和等企业为支撑，聚焦发展云计算、大数据、人工智能、虚拟现实等新兴业态。西园以国家数字出版基地为依托，打造全国一流的数字服务产业基地和产业孵化基地。

近年来，软件谷产业的集聚规模、结构层次、综合实力不断提升，已成为“千亿级软件产业基地”。2021 年，南京软件谷全年实现软件业务收入 2500 亿元，同比增长 15.2%。截至 2021 年底，软件谷聚集涉软企业 3492 家，其中世界 500 强及世界软件百强企业 18 家，中国软件百强企业、中国电子信息百强企业及中国互联网百强企业 32 家，自主培育主板上市企业 8 家，新三板挂牌企业 26 家，独角兽、培育独角兽及瞪羚企业 45 家；聚集涉软从业人员超过 30 万人。

软件谷是南京创新名城建设的主阵地。软件谷聚集高新技术企业 656 家；聚集各类众创空间、科技企业孵化器 56 家，其中国家级 7 家，省级 12 家；

累计签约落地新型研发机构 24 家，通过市级备案新型研发机构 18 家。

第二节　重点行业发展情况

软件谷现已形成“六大创新产业集群”：通信软件及运维服务产业集群，云计算、大数据及信息安全产业集群，互联网产业集群，人工智能及智能终端产业集群，芯片设计、测试、封装产业集群及信创产业集群。

（一）通信软件及运维服务产业集群

软件谷是科学技术部认定的“中国通信软件特色产业基地”，同时也是国内规模最大、集聚度最高、占据行业主导地位的通信软件产业集聚区。软件谷的通信软件及运维服务产业集群已聚集华为、中兴通讯、亚信科技、三星电子、中邮建、嘉环科技、欣网视讯等近 200 家企业，建筑面积超过 130 万平方米，从业人员超过 6 万人。依托华为、中兴通讯、江苏润和、文思海辉等重点企业，软件谷持续巩固并强化通信软件产业的优势，进一步提升在大型交换系统、数据网络、增值业务、下一代网络核心技术、通信解决方案等领域的核心价值。

（二）云计算、大数据及信息安全产业集群

软件谷在南园建设国内一流的超级云计算技术研发中心、产业拓展基地和服务示范窗口，重点建设超级云计算服务产业园，聚集了紫光、华软、云创存储、斯坦德等一批云计算龙头企业，聚焦发展超级云计算技术研发和应用服务，加快构建和完善集云计算基础设施、技术研发、系统集成、硬件产品制造、软件支持服务、市场运营等于一体的产业体系。软件谷聚集了中新赛克、易安联、聚铭网络、博智安全、安讯科技等网络安全企业数十家。2021 年 6 月 7 日，中国（南京）软件谷云计算大数据信息安全产业联盟正式成立，联盟发起成员单位 37 家，南京中新赛克科技有限责任公司担任理事长单位，亚信安全科技股份有限公司、南京公安研究院等 7 家企业为副理事长单位，中软国际-华为云创新中心为秘书长单位。

（三）互联网产业集群

软件谷的互联网产业集群包括互联网应用、互联网服务、电子商务、物

联网等相关产业，建筑面积约 30 万平方米，从业人员约 3 万人。软件谷拥有一批包括满运软件、众能联合、千米网、网觉软件、蜂云供应链、艾迪亚等在内的互联网领域成熟企业，近年来，一些“后起之秀”（如美篇、中碳网、功夫豆等新兴企业）也逐渐发展壮大，其中众能联合、千米网入选“2021中国产业互联网百强榜”。2021 年 11 月 19 日，中国（南京）软件谷互联网产业联盟成立，首批 33 家成员单位中，涵盖了包括满运软件、千米网在内的多家知名互联网企业。

（四）人工智能及智能终端产业集群

软件谷的人工智能及智能终端产业集群建筑面积达 20 万平方米，实现收入超过 100 亿元，从业人员约 2 万人。软件谷大力引入人工智能领域企业和项目：华为南京人工智能创新中心落地软件谷；国内首个公共安全人工智能产业园——东南智盾明略人工智能产业园正式开园，明略科技等多家领军企业入驻；由中国（南京）软件谷、爱尔兰都柏林圣三一大学马丁院士团队等签约共建的南京中爱人工智能与生命科学研究院入驻。

（五）芯片设计、测试、封装产业集群

软件谷的芯片设计、测试、封装产业集群聚集了中兴光电子、国网智芯、泰治科技、沁恒微电子等一批具有核心竞争优势的高新技术企业。其中，泰治科技是国内极少数具备完整、独立知识产权的标准 SECS/GEM 协议研发能力和非标设备 iSECS 的高科技企业，在国内芯片封测企业软件服务领域占据领导地位；沁恒微电子是国内隔离卡、单向导入产品及方案的主芯片供应商，全球已有数万家公司基于沁恒芯片设计电子产品，每年至少有超亿台设备通过 WCH 芯片（沁恒产品主品牌）建立连接，USB 系列芯片累计出货量超亿颗。2021 年 5 月 24 日，南京软件谷集成电路产业联盟成立，首批成员单位共计 29 家，由中兴光电子任理事长单位，泰治科技、江苏芯云、南京沁恒微电子 3 家单位为副理事长单位。

（六）信创产业集群

软件谷的信创产业聚集了航天科工、统信软件、翼辉信息等一批先导企业。软件谷内的江苏航天七零六信息科技有限公司，隶属于中国航天科工集团二院七〇六所，是七〇六所的信创企业总部，是中国信创产业核心产品供

应商、信息化建设的解决方案提供商、数字化时代的信息系统集成商。2021年6月28日，中国（南京）软件谷信创产业峰会举行，会上，一款全新的国产系统固件核心框架及产品——ByoCore 2.0正式发布。该国产BIOS在固件技术上实现了安全自主，对国产CPU和操作系统摆脱对国外的技术依赖具有重要意义。

第二十章

福建福州软件园

第一节　园区概况

福州软件园于 1999 年开始筹建，规划用地面积 330 万平方米，先后被工业和信息化部认定为“国家新型工业化产业示范基地”，被国家新闻出版广电总局授予“海峡国家数字出版产业基地”，被国家外国专家局授予“国家软件与集成电路人才国际培训（福州）基地”。2021 年，园区技工贸总收入突破 1500 亿元。福州软件园已成为福州软件和信息技术服务业的重要集聚区，成为省内软件产业发展的龙头和重要引擎，更为产业创新发展创造了新经验、新模式。

第二节　园区发展情况

（一）产业集聚发展

2021 年，软件园汇聚 800 家企业，其中国家高新技术企业 271 家，国家级专精特新“小巨人”企业 55 家，未来独角兽与瞪羚企业 21 家，上市公司及分支机构 24 家，全国细分领域的单项冠军 30 家，形成了集成电路及智能制造、软件产品及行业应用、文化创意及科技融合、互联网及大数据四大特色产业集群。

在集成电路及智能制造方面，园区充分发挥集成电路设计与制造业优势，积极提升产业链垂直一体化和横向整合能力，形成一批在全国行业细分领域优秀的集成电路及智能制造企业。2021 年，联迪商用入选 2020 年度销售点终端、2020 年度条码支付受理终端两个金融领域企业标准“领跑者”名单；睿能科技在针织电控领域成绩突出，其针织横机电脑控制系统荣获全国纺织行业科技进步类最高级别奖项的中国纺织工业联合会科学技术奖一等奖。

在软件产品及行业应用方面，园区持续推进工具软件和行业应用软件发展，大力支持软件产品在新一代信息技术领域的应用创新，聚集了众多国内知名软件企业。榕基软件、福昕软件被《互联网周刊》列为2020年中国创新软件100强企业。榕基软件在电子政务细分领域竞争力全国领先，入选国家安全可靠系统集成服务厂商目录，拥有安全可靠相关标准制定资格；福昕软件是版式文档应用软件领域的全球知名品牌，且在PDF电子文档核心技术与应用领域位列全国第一、全球第二，2020年成为福建首家转科创板的新三板挂牌企业；晨曦科技基于REVIT平台自主研发了全系BIM应用软件，并结合人工智能推出了一系列丰富全面的AI&BIM产品，是BIM技术在建筑行业中的知名品牌，2020年被赛迪网评为“2020行业信息化竞争力百强”；国脉科技、亿榕信息、中电福富、中富通等企业在高端电信服务综合竞争力方面、电力服务领域、质检行业电子申报领域、通信信息行业位居全国前列。

在文化创意及科技融合方面，园区积极推动科技和文化产业深度融合，为产业经济的创新发展提供了强大动力，拥有一批在文创领域颇具影响力的网络科技企业。富春科技的《古龙群侠传之大掌门2》入选“中国原创游戏精品出版工程”；风灵创景手机个性美化工具91桌面用户已超过3亿，在第三方手机桌面市场行业排名第一；宝宝巴士网络科技在互联网早教领域全球领先，宝宝巴士App现已面向全球144个国家和地区发行了19个语言版本，在全球App下载量公司排行榜中最高位居第七，是全球唯一上榜的教育类产品；大娱号信息科技是提供广播级虚拟演播室产品及音视频行业解决方案的国家高新技术企业，在中国广电行业享有广泛知名度；掌中云旗下有掌中云小说、掌中云漫画、掌中云游戏等多个业务形态，月均活跃用户超过1亿；2021年，四三九九网络股份有限公司入选2021年度软件和信息技术服务竞争力前百家企业名单。

在互联网及大数据方面，园区积极引进培育互联网与大数据领军骨干企业，支持企业面向全国提供大数技术产品、服务和应用解决方案，鼓励企业探索数据服务模式创新，开发面向政府、企业和个人的数据服务。南威软件是数字政府服务与运营商、公共安全大数据领域龙头企业，入围全球大数据供应商名录，大数据产品在20余个国家部委使用，覆盖超过80个国家和地区；长威科技的智慧城市建设解决方案全国领先，近年连续被评为“中国大数据企业 50 强”企业、“中国信息技术领军企业”；顶点软件的营销证券业务支持平台全国第一，具备自主知识产权的金融大数据分析体系，在金融科技行业具有重要的影响力；达华智能超前布局卫星通信，拥有海洋卫星大数据分析和应用能力；鼎旸信息、吉星智能等企业深入研究空间地理大数据分析，开展物联网、车联网等方面应用。

（二）双创载体建设

园区深入实施“苗圃计划”和“数字精英孵化计划”，积极创建“孵化空间+产业园区”的产业发展链条，全力打造数字经济标杆区、总部经济示范区、平台经济集聚区，围绕 IC 设计及智能制造、大数据应用、行业应用软件、物联网、文化和科技融合、大数据应用、移动互联网、新一代信息技术应用、人工智能等行业领域开展孵化，汇聚国家级众创空间 1 家、省级众创空间 6 家、市级众创空间 9 家、国家级科技企业孵化器 1 家、省级科技企业孵化器 2 家、省级互联网孵化器 5 家，累计培育创业企业（团队）超过 520 个。围绕双创发展要素，福州软件园积极对接整合专业平台，汇集优质资源，不断完善双创服务：“知创福建”平台首创知识产权公共服务“最多跑一地”模式，有效吸引创新资源和要素；“五凤论见”沙龙每期讨论一个热点话题，已联动全省超过 4000 家次企业开展产学研交流对接；华为云福州创新中心为近 2000 家企业提供软件开发云服务，关联产值逾 25 亿元，可为园区企业降低 30%的上云成本；信创产业适配中心等示范项目接连落地，辐射园区信创产业全产业链、全领域协同发展。

（三）公共服务体系建设

园区积极推进专业化服务建设，成功打造华为云福州创新中心、基金公共服务平台、北京软交所福建工作中心、“五凤论见”产业交流平台、“知创福建”省级知识产权公共服务平台、海峡人力资源产业园、海峡两岸信息服务大赛等专业化服务平台，不断致力于创新服务生态圈，以技术、资本、IP、人才、市场全方位服务企业。

第二十一章

山东济南齐鲁软件园

第一节　园区概况

齐鲁软件园位于济南高新技术产业开发区，成立于 1995 年 11 月，是我国成立最早的“四大软件园”之一，1997 年 3 月被国家科学技术部认定为全国首批“国家火炬计划软件产业基地”之一，2001 年 7 月被国家发展和改革委员会、国家信息产业部认定为“国家软件产业基地”。2006 年，“国家信息通信国际创新园（CIIIC）”“国家软件出口创新基地”“中国服务外包基地城市示范区”等“国字号招牌”先后落户齐鲁软件园。2019 年，齐鲁软件园依托大数据产业优势，以高新区管委会为主体申报并获批工业和信息化部国家新型工业化产业示范基地（大数据）；齐鲁软件园获批山东省首批示范数字经济园区，是济南唯一一家获批园区；园区大数据产业集群获批山东省“十强”产业“雁阵形”集群和济南市先进制造业特色产业集群。2020 年 4 月，齐鲁软件园入选“国家数字服务出口基地”。2020 年 12 月，齐鲁软件园国家级科技企业孵化器再度获评优秀（A 类），已连续两年获此殊荣。截至 2021 年，齐鲁软件园注册企业 6 万家以上，其中过亿元企业 276 家，总部类企业 44 家，境内外挂牌上市企业 102 家，高新技术企业达到 990 家，大数据和新一代信息技术产业规模占济南的 65%；齐鲁软件园形成了大数据、集成电路、信息技术创新应用、人工智能、量子信息、总部与金融等产业门类；齐鲁软件园已获得济南“中国软件名城”的产业策源地、中国（山东）自由贸易试验区的核心承载区、黄河流域生态保护和高质量发展的前沿技术高地、国内外知名的软件和信息技术服务产业集聚区等多项成绩。

第二节 园区发展情况

（一）重点行业领域

经过数十年发展，齐鲁软件园已经发展成为山东甚至华东地区重要的软件产业基地，Microsoft、IBM、Intel、Panasonic 等众多世界 500 强企业在此设立分支机构及开放实验室，中兴通讯、华为通信等国内计算机、通信和软件巨头纷纷入驻。齐鲁软件园的产业发展范围已覆盖济南高新区中心区 22 平方公里，成为山东自贸试验区济南片区的核心产业承载区。园区的主导产业包括大数据与行业软件、集成电路设计和服务、人工智能、信息技术创新应用、总部与金融，相关领域企业超过 3000 家。

在大数据与行业软件方面，齐鲁软件园形成了以数据中心为上游、以大数据技术平台为中游、以大数据应用为下游的完整高效产业链，实现了在政务、交通、电力等领域的典型应用。2019 年，中商惠民、作业帮、蚂蚁集团、Tradeshift 等一批独角兽企业集中落户；以浪潮集团为龙头，金现代、华天软件、众阳健康、航天九通等 2000 余家骨干企业，涵盖从数据生产、采集、存储到加工、分析、服务的全产业链，形成“1+N+N”（1 个龙头企业引领，N 个骨干企业共进，N 个中小企业发力）协作共赢的产业发展大生态，打造千亿级大数据产业集群。在电子政务、智能安防、智慧电力、智慧教育、智慧医疗、智能制造、智慧环保等多个领域进行产品开发和场景应用，形成“智慧辐射圈”。

在集成电路设计和服务方面，积极推动行业应用、芯片与整机的联动发展，持续打造以设计为核心、以整机产品与系统集成为基础、以应用为先导的产业格局。齐鲁软件园聚集了联暻半导体、富鸿芯、世芯、概伦、高云半导体等知名企业，进行半导体材料研制、通信芯片研发、国产 FPGA 芯片研发、国产 EDA 工具研发，聚焦 8K 高清、5G、AI、国产 EDA 工具、国产 FPGA 等核心服务与产品，推动产业链高速平稳发展。

在人工智能方面，以齐鲁软件园为载体，济南高新区已培育近百家人工智能企业，一大批产品和应用已经处于国内领先水平。齐鲁软件园依托“双孵化器+双加速器”的人工智能产业基地，打造集资源聚合、创新孵化、产学研转化等功能于一体的人工智能产业生态环境，实现人工智能产业规模化和产业集聚发展。神思电子、深兰科技、博观智能等一批知名企业入驻，深入机器感知、智能行业服务、智慧医疗等领域，形成了从基础支撑、核心技术到行业应用的完整的产业链，搭建了“算力支撑强劲、算法优势突出、智能应用先进”的人工智能发展新格局。

在信息技术创新应用方面，齐鲁软件园聚集了中孚信息、蓝剑钧新、华软金盾等一批前沿企业，在密码安全、身份识别、智能硬件、硬件密码管理等方面拥有多样化的产品和解决方案，软硬件国产化、一体化应用经验丰富。新松工业软件研究院、航天人工智能芯片研究院、省密码技术与网络安全技术转化中心项目等一批重大创新项目落地，形成了信息技术创新应用产业发展格局。

在总部与金融方面，齐鲁软件园聚集了重汽集团、山东黄金集团、山钢集团、山东金融资产管理公司、山东国惠投资、山东产权交易所、德华安顾人寿等 800 余家总部和金融类企业，为产业发展注入强劲动力。

（二）人才服务体系

齐鲁软件园发展中心建立健全人才企业联系人制度，深入做好高层次人才精准化服务工作，在人才引进、人才招聘、员工培训、大学生实训等各个环节，形成了覆盖高层次人才、骨干人才和基础人才的全方位、立体化人才服务体系。利用国家软件人才国际培训、国家海外高层次人才创新创业等多个国家级人才平台，齐鲁软件园累计引进和培养了省级以上各类人才 134 人、市级领军人才 245 人、紧缺高技能人才 2000 多人，在大数据、人工智能、集成电路及信息技术等产业领域集聚了科研实力。园区围绕产业发展方向部署人才规划，突出产业导向，通过引进关键技术人才、组建研发团队，带动大量基础人才提升，同时做好人才子女入学、人才租房补贴、人才公寓等人才相关的服务工作。

加大招才引智力度。积极宣传国家、省、市、区人才政策，做好高层次人才服务工作，为各类人才提供政策咨询、工商注册、项目申报等一站式服务。运用国家级、省级、市级和济南高新区 4 级人才政策，齐鲁软件园积极在园区内营造人才创新创业、快速成长的良好生态。

提升骨干人才素质。为促进企业骨干人才交流、学习、提升，齐鲁软件园提供齐鲁学堂高端培训，涵盖开发技术、人力资源、财务税务、法律法规、政策解读、项目管理等方面，打造公共服务平台，为企业的可持续发展提供动力支持。

校企合作不断发力。齐鲁软件园结合产业快速发展带来的人才需求，突出国际化复合型人才的培养要求，坚持“校、企、园三位一体”的发展思路，积极探索面向行业的应用软件、集成电路设计和服务、机器人与智能制造、新技术和新业态等领域的新型人才培养方式，形成一条校、企、园三位一体的校企合作路子。齐鲁软件园注重“卡脖子”难题，建立集成电路人才实训基地，为生产设计领域引进骨干研发机构，培养研发设计人才，为即将踏入集成电路领域的学生们培养参与项目设计的基本能力。

（三）金融服务体系

在金融服务方面，齐鲁软件园通过联合银行、投资机构、政府相关机构等，为企业提供多层次的资金服务产品等，已经初步建立银行贷款、政府支持资金、风险投资多头并进的融资服务体系和保障平台。为解决中小企业融资难题、监控辖区金融形势，园区联合网金中心开发打造了“高新金融大脑”政府金融公共投融资服务平台，运用金融大数据技术手段有效匹配金融机构与资金需求企业，有效解决金融资源对接问题。园区 100 余家上市挂牌企业累计实现直接融资 354 亿元，其中新三板企业直接融资比例和数额均居全国前列。融资企业数占高新区挂牌企业总数的 64.7%，平均每家企业完成两轮以上的融资，平均单次融资额达到 7193 万元。平台自上线以来，已完成注册企业 726 家、金融机构 68 家，完成融资对接 2.136 亿元，极大地促进了区域内金融机构与企业的良性互动。

第二十二章

山东青岛软件园

第一节　园区概况

山东青岛软件园位于青岛市市南区，由青岛市科技局和青岛市市南区政府合作开发建设，由青岛软件园产业发展中心主管，是“国家火炬计划软件产业基地”“国家欧美软件出口示范基地”“青岛市留学人员创业基地”，先后获得“国家火炬计划软件产业基地管理先进单位”“全国先进科技产业园”“国家级科技企业孵化器”等荣誉称号。近年来，青岛软件园致力于打造集5G、大数据、云计算、人工智能、高端软件、工业互联网等于一体的特色数字园区，引入了上海合作组织技术转移中心、青岛认知人工智能研究院、青岛科学仪器产业园等一批科技含量高、集聚效果强的平台和企业。同时，园区引入数字化运营建设体系，将高新科技与智能技术渗透到园区生产、经营、管理各个方面，为园区入驻企业提供高效、便捷、安全的园区管理和公共服务，打造优良的创新、发展环境。

青岛软件园一期建筑面积 26 万平方米，吸引了微软、NEC、新立迅、高信、优创、软脑、创迹、NHN 等近百家外资软件企业和用友、金蝶、浪潮等 200 多家国内企业入驻，园区内软件研发人员达到 8000 多人。青岛软件园二期暨青岛国际动漫游戏产业园建筑面积 11.5 万平方米，目前已全部投入使用，入园动漫游戏企业近 200 家。青岛软件园三期建筑面积约 100 万平方米，已处在规划设计建设阶段。青岛软件园鳌山园区是青岛 IT 服务外包基地，规划占地面积 10 平方公里，产业发展规划已委托给国际著名咨询公司麦肯锡完成，建设规划已委托给同济大学设计院进行，目前占地 2.7 平方公里的一期和启动项目“六英寸模拟电路芯片生产线及封装测试厂”均已建设完成。

青岛软件园聚集了国家高新技术企业逾 10 家、泰山学者近 10 名、专家工作站近 40 个，初步形成以软件外包、集成电路设计、数字动漫、嵌入式、行业应用软件、互联网信息服务为主导的软件产业集群，其中软件外包方向发展尤为迅速，已经成为青岛发展服务外包产业最集中的区域。

青岛软件园通过不断完善技术支撑平台和公共服务环境，为入驻软件企业的健康稳健发展提供技术支撑、服务保障，为园区软件企业的发展注入新动力。园区现有公共技术支撑平台、集成电路设计平台、数字动漫技术支撑平台、IT 服务外包技术平台等众多技术支撑平台组成的完备的公共服务环境，能为企业提供包括人才培训服务、技术支持及国际交流等在内的全方位服务。此外，青岛软件园对园区软件和信息技术服务领域相关企业提供全面的资金支持和融资服务，通过无偿贷款、周转资金、贴息等方式有效地支持园区企业的发展。园区还成立了投资担保公司，搭建了融资担保平台，加大对园区软件产业和企业的扶持力度，为园区软件企业的筹融资加大担保力度。在园区的支持和推动下，本土企业逐步发展壮大，多家本土企业相继通过 CMM2、CMM3 和 ISO9000 质量体系等认证。2021 年以来，园区重点发展新一代信息技术和数字文创两大产业，力争 5 年内园区规模以上企业营业总收入突破 500 亿元，全口径税收达 20 亿元，科技型中小企业突破 100 家，高新技术企业突破 60 家，瞪羚企业达到 12 家，引进或培育独角兽企业 2 家，数字经济产业增速达 30%，打造 5 座特色产业楼宇。

第二节　重点行业发展情况

（一）集成电路与软件服务外包

园区大力发展集成电路产业，投资 3000 万元建成了全省首个集成电路设计公共服务平台，提供完善的软硬件服务和孵化环境，现已聚集包括博晶微电子、智腾微电子在内的十多家设计企业，以及华翔半导体等多家封装测试厂商，并引进山东首条六英寸模拟晶圆芯片生产线，初步形成了从芯片设计到制造、封装、测试的集成电路产业集群的良好发展态势。

同时，园区逐步加大软件服务外包业务的发展力度，企业纷纷开展针对日本、欧美的软件研发及 IT 服务外包业务。目前，已经聚集了日本软脑、创迹、宇通系统、大手海恩等一批日资软件企业，中国本土企业如海尔软件、恒远天地、易科德等在承接对日外包服务中取得跨越式发展。园区对欧美的软件服务外包业务也取得了显著成果，美国优创、加拿大赛得、瑞典拓讯、澳大利亚高登、英国斯邦等欧美软件服务外包企业相继落户青岛软件园，同时也带动园区内其他企业（如智洋、译通未来、圣安德等）在承接外包服务方面取得长足进展。

在“2021 年度山东省软件和信息技术服务业综合竞争力百强企业”名单中，园区企业鼎信通讯、青岛积成电子、松立控股榜上有名。未来几年内，园区将开展大企业创新生态圈培育试点，大力发展平台经济，引导金东数字、松立集团、特利尔等园区骨干企业向平台型企业转型，通过供应链协作、股权投资并购等方式整合行业资源，支持建立行业级、企业级工业互联网平台，集聚产业链上下游科技型中小企业，打造开放、创新的大企业生态圈。此外，园区将通过对接青岛“城市大脑”项目，启动建设“园区大脑”，充分利用大数据、云计算、人工智能等数字技术，搭建智慧园区大数据管理平台，集聚创业服务、项目招商、政策发布、咨询培训、项目申报、企业服务、人员管理等功能，为园区企业提供优质、高效的政务服务。

（二）动漫影视产业

自青岛被批准为第 6 个国家动漫创业产业基地以来，青岛动漫产业迅速崛起，青岛市和青岛软件园在政策层面将动漫企业作为重点扶持对象。青岛市设立每年 5000 万元的文化产业发展资金和 1 亿元的服务外包扶持资金，且主要向动漫企业倾斜。青岛软件园对动漫企业给予房租上的优惠，并投资 2500 万元于 2007 年 11 月建成了山东首个“数字动漫技术支撑平台”，为园区内及青岛市的动漫企业提供从造型设计、动画制作、特效合成、渲染、配音到输出等一整套的专业设备、技术咨询、专业人才培训等服务，为动漫企业研发创作提供有力的支撑，吸引动漫企业纷纷入驻园区。四维空间、高路动画、星动创意、灵镜数码、水晶石等多家动漫企业先后入驻企业孵化器和专业工作室，并进行动漫项目创作，继而涌现出多家优秀企业和多部优秀的动漫影视作品。例如，山东金东数字创意股份有限公司成长为中国数字创意产业的头部企业，入选了山东省首批科技型企业科创板上市培育库，跻身国家高新技术企业，在 2020 年严峻的形势下，依然保持了 40%的增长。山东首部三维原创动画片《卡卡王国》、央视播放的动画大片《秦汉英雄传》等多部优秀作品都出自青岛软件园。

（三）软件人才培训

青岛软件园为解决软件企业人才需求与软件人才匮乏的矛盾，建设了青岛软件园人才实训服务中心（简称QST青软实训），通过与国内知名高校、企业合作，强强联合来解决软件中高端人才不足的问题，并进一步加大与国外专业软件培训机构的合作，加强软件人才培育工作。QST青软实训目前建有2500平方米的软件人才实训工厂，拥有的软硬件设备价值500万元，具有山东地区一流的软硬件实习实验设备，每年可容纳3000多名学生实习实训，可满足.net、Java、嵌入式、Linux、对日外包、数字动漫等方向的实训要求，每年为企业培养优秀毕业生500人以上。园区还建有IBM外包人才实训基地和阿尔卑斯外包人才实训基地，每年培养优秀外包人才2000多人。

青岛软件园还与国内众多知名高校合作，联合培养输送高水平人才。例如，青岛软件园与北京大学合作，进行软件工程高级人才培养，提升本地高级师资水平；与同济大学合作，开设软件工程硕士研究生班，目前第二期近40名学员已毕业，有近100名学员在读；与哈尔滨工业大学合作，围绕嵌入式软件开发建立哈工大青岛人才实习基地；与中国海洋大学合作，培养外向型软件工程硕士，建设国际化软件人才培训基地，同时还进行了日、韩等软件外包专题的本科生培训；与青岛大学共建国家首批35所示范性软件职业技术高等院校之一的青岛大学软件技术学院，旨在培养面向软件生产、应用、信息服务，具有较强实践技能的优秀计算机软件开发、生产编程及软件应用方面的高技术人才。

第二十三章

广东广州天河软件园

第一节 园区概况

天河软件园是名副其实的“老字号”软件园区，其前身是成立于 1988 年的广州天河高新技术产业开发区。1997 年，在“一区多园”的管理体制下，整合多个园区形成广州高新技术产业开发区天河科技园。1999 年 8 月，在天河科技园的基础上组建了广州天河软件园。园区由 23 个分园组成，主要有科韵分园（63.7 万平方米）、高唐分园（150 万平方米）、科贸分园（7.5 万平方米）、智汇分园（10 万平方米）等。天河软件园集“国家软件产业基地”“国家火炬计划软件产业基地”“国家网络游戏动漫产业发展基地”“国家软件出口创新基地”“广东省战略性新兴产业基地”“中国服务外包基地城市示范区”等荣誉于一身，是华南地区软件产业集聚程度最高、市场基础最发达、高校资源最集中的软件园区。天河软件园始终围绕打造国际一流创新创业园区的发展目标，形成了以新一代信息技术产业为主导和特色的高新技术产业体系，实施创新驱动发展战略，集聚高端创新要素，园区产业逐步迈向高端、高质化。在工业和信息化部公布的 2020 年国家新型工业化产业示范基地发展质量评价结果中，天河软件园软件和信息服务被评定为四星级。

在 20 余年的发展历程中，天河软件园始终将培育内生动力作为第一目标，将本土企业的发展壮大作为工作使命和根本任务，培育了网易、佳都科技、南方测绘、小鹏汽车、极飞科技、北明软件、酷狗等一批龙头企业。园区结合自身基础与广州产业发展方向，构建了“363”产业体系，提出要巩固加强软件、移动互联网、地理信息 3 个优势产业，重点发展大数据、云计算、物联网、信息安全、数字创意、电子商务6个主导产业，积极培育人工智能、生物与健康、新材料3个潜力产业。园区围绕重点产业，不断拓展上下游产业链，形成了以龙头企业为引领、大中小企业融通发展的良好态势。在软件领域，拥有北明软件、华资等综合型软件公司，更有服务金融、能源、政务等多个细分领域的大量中小企业；在移动互联网领域，拥有酷狗、网易游戏、阿里巴巴旗下的UC优视、悦跑等龙头企业；在地理信息领域，拥有细分龙头南方测绘，涵盖卫星导航、测绘装备、系统软件等范围。

园区智力资源优势突出，科研创新基础雄厚，周边汇聚华南理工大学、华南农业大学等30多所高等院校、53个国家和省市科研机构、20名两院院士及400多家人才服务机构。园区长期鼓励科技创新，不断扶持和培育科技研发平台，着力提升科技研发与成果转化能力。据统计，天河科技园、天河软件园已建有市级以上各类工程技术研究中心、技术实验室、技术中心共计113个，佳都科技、南方测绘、航天精一等园区骨干企业已建立院士工作站。依托丰富的高校资源和科技成果转化机构，天河软件园成为面向粤港澳大湾区的软件技术和人才重要的策源地、输出地之一。

第二节　重点行业发展情况

（一）大数据与云计算

园区大数据与云计算产业基础良好，具体体现在以下几个方面：一是行业应用覆盖领域广，二是具体数据分析、挖掘、应用产品提供商多，三是骨干企业研发实力强。园区已在数据安全、数据采集、数据存储与管理、数据分析与挖掘、数据运维、数据应用等产业链核心环节聚集了一批优质企业，致力于推动产业向高端化发展。南方测绘作为测绘地理信息产业龙头，业务范围涵盖测绘装备、精密监测及精准位置服务、数据工程、地理信息软件系统及智慧城市应用等方面，其测绘成图软件市场占有率超过90%；京信软件是城市大数据的服务提供商，提供大数据全生命周期管理服务，主要发展电子政务业务，主要的产品有政务数据共享交换平台、综合治税服务平台等；品高软件则提供云服务，进行基础架构开发，推动公有云与私有云的商用服务，公司拥有自主研发的BingoCloudOS、BingoFuse、BingoInsight等以云计算为核心的产品，可为轨道交通、政府、电信、汽车、公安、金融、教育等细分行业客户提供专业的云计算及行业信息化服务。

（二）移动互联网

依托园区内软件和信息技术服务业的产业基础、沿海区位优势及良好的应用环境，天河软件园抓住新兴领域发展契机，充分利用网络、软件、终端、数据、人才和业务创新等关键要素，大力发展移动互联网产业，已形成龙头企业增长强劲、小微企业蓬勃涌现、创业人才不断聚集的产业局面，培育出一批知名互联网企业。网易在园区内建有集研发、总部、培训等于一体的网易游戏总部及智慧型的产业研发中心，集聚高端人才超过 3000 人；21CN 近年来致力于移动互联网领域与云计算领域的产品研发，汇聚电信智能管道能力，为跨网络、跨终端用户提供通信、支付、定位、内容和应用等一站式移动互联网服务；UC 优视专注于移动互联网业务创新，打造了 UC 浏览器、神马搜索、阿里应用分发等移动互联网信息服务平台。

（三）人工智能

园区围绕人工智能产业链上下游关键环节积极招大引强、培大育强，鼓励企业加强在人工智能芯片、传感器、平台等核心技术方面取得研发突破，推动人工智能技术在产业和其他领域的深度应用。园区内人工智能产业已覆盖工业、通信、信息技术、交通、教育、医疗、金融和生活消费等领域，逐渐成为推动园区高质量发展的新引擎。佳都科技在人脸识别、视频结构化等人工智能技术，以及大数据分析处理、移动支付等新一代信息技术方面已达全球领先水平；极飞科技以无人机技术应用为目的，发展出“服务+销售核心部件”的商业模式，推出全新智能农业无人机解决方案和极飞无人机植保服务；京华信息前瞻性规划和实施大型领域知识工程，研发出新一代知识引擎和京华慧眼、智慧工作台等基于知识服务核心技术的系列产品。

第二十四章

广东深圳软件园

2021年，深圳软件园的产业规模不断扩大，创新动能持续汇聚，政策环境持续优化，产业支撑载体不断丰富，园区服务能力持续升级。深圳软件园的大型行业应用软件主要面向电信、金融、物流、电力与公用事业、供应链管理等深圳的优势行业。在这些优势行业的带动下，园区开发出一批在国内具有较高知名度和市场占有率的产品。此外，园区游戏动漫业极具特色，已形成集制造、研发、分发、运营于一体的完整产业链，移动游戏领域基础优势明显，在本地互联网产业的带动下呈现出蓬勃发展的态势。在软件双创方面，深圳软件园高度重视创新创业体系的搭建，从政策环境营造、载体和平台建设、对外宣传推广等方面加大对软件和信息技术服务创新创业的支持。

第一节　园区概况

按照“一核多园”的发展思路，深圳软件园结合高新区主园、前海深港分园及福田、南山、罗湖等各区特色软件园区，统一规划建设，形成以主园为核心、覆盖全市的软件产业布局，产业资源加速汇集，产业集聚效应凸显。主园坐落在深圳高新区中区（深圳市南山区科技中二路），占地27万平方米，包含产业化区、孵化区、集成电路设计村、园区服务管理区等。

深圳软件园是我国重要的软件产品研发基地、软件企业孵化基地、软件产品出口基地、软件人才培养基地和国际软件技术合作基地，先后获得“国家火炬计划软件产业基地”“国家软件研发/出口基地”“软件企业孵化基地”“中国服务外包基地城市示范区”“国家欧美软件出口工程试点园区”“国家集成电路产业基地”“广东省软件出口基地”等称号，在全国软行业占有重要地位。2018年至2020年间，深圳软件园接连获得中国软件与信息服务外包最佳投资环境奖、全国服务外包人才培训校企合作贡献奖、中国软件和信息技术服务业最具品牌影响力的产业园区等奖项。

2020 年，深圳软件园在国家科学技术部火炬中心公布的 2020 年国家火炬软件产业基地评价结果中位居榜首，深圳软件园除获得综合排名第一名外，还取得产业发展规模第一名、产业发展水平第一名、成长性第一名等。截至此次评价前，园区拥有软件从业人员 25.62 万人，入园企业总数 1724 家，同比增长 59.63%，云集了 IBM、Oracle、HP 研发中心，以及中兴通讯、华为、金蝶、腾讯、现代、科健、天源迪科、方直科技、证通电子、长亮科技等高新技术企业 1302 家。同时，软件园总收入 1.42 万亿元，同比增长 239.91%，其中软件业务收入 6263.07 亿元，同比增长 135%。从收入构成看，软件产品收入 787.62 亿元，系统集成收入 868.74 亿元，嵌入式系统软件收入 1664.65 亿元，软件技术服务收入 2942.06 亿元，软件产品收入中新产品收入 339.27 亿元，均实现了大幅增长。园区利税总额也出现大幅增长，同比增长超过 177%，在较大产业发展规模上实现了较高的成长性。

第二节　重点行业发展情况

（一）游戏娱乐

深圳文娱市场日益健壮，在中国 206 家上市游戏企业中，广东上市游戏企业达 49 家，占比达 23.8%。在广东 49 家上市游戏企业中，深圳有 28 家，占全省的 57.1%。腾讯游戏是全球领先的游戏开发和运营机构，也是国内最大的网络游戏社区。从 2020 年腾讯财报来看，网络游戏营收 1561 亿元。中国音数协游戏工委与中国游戏产业研究院发布的《2020 年中国游戏产业报告》显示，2020 年，我国游戏市场实际销售收入 2786.87 亿元。也就是说，单腾讯一家就占了中国游戏产业 56%的市场份额。华强方特是全国文化科技创新的标杆企业，蝉联 10 届“全国文化企业 30 强”，入选文化部评定的“十大最具影响力国家文化产业示范基地”“国家文化出口重点企业”。其原创动画作品《熊出没》已成为目前国内最具影响力的国产动画品牌，多次央视夺冠，网络点击量超过 3000 亿次，6 部《熊出没》原创动画电影国内上映屡创佳绩，总票房近 27 亿元，先后打破了多项行业纪录。目前，方特动漫已实现累计出口 25 万分钟，登陆 Nickelodeon、Disney、Sony 等全球知名主流媒体，覆盖美国、意大利、俄罗斯、新加坡等 100 多个国家和地区。

（二）行业应用软件

深圳软件园的大型行业应用软件主要面向电信、金融、物流、电力与公用事业、供应链管理等深圳的优势行业。借助这些优势行业的带动，园区开发出一批在国内具有较高知名度和市场占有率的产品，如金蝶的企业管理软件、金证的金融行业应用软件、现代的地铁综合管理系统、科陆的电力调度管理软件、海云天的教育软件等。互联网的推广加快促进软件企业的转型发展，如金蝶彻底转型成为金蝶云，成为云 ERP 企业，基于软件产品基础，为客户企业提供云服务和数据金融等服务，并重点打造金蝶云平台。

（三）物联网

深圳拥有完整的物联网产业链及相应的服务配套产业。在数据感知层方面，深圳聚集了汇顶科技、远望谷、科敏传感器、信为科技、安培龙、顺络电子等本土企业，此外还有泰科电子、博思发、盛思锐、根本电子、德州仪器等国外企业。在数据传输层方面，华为和中兴通讯的总部均在深圳。在平台与计算层方面，从 IaaS 层、PaaS 层到 SaaS 层都有一批代表性企业，如华为、腾讯等巨头在 IaaS 层有着广泛的布局，和而泰、智物联、明源云等创新 PaaS 层企业也具有特色。在应用层方面，包括深信服、优博讯科技、达实智能、同洲电子、金溢科技等行业龙头企业。

汇顶科技触控产品的市场占有率稳居行业前三，人机交互产品以手机触控、平板触控、PC 触控和汽车触控为主，相应产品已在全球十多亿台移动设备上运行。华为已经发展成为中国乃至全球物联网生态建设的主导者和推动者之一，华为推动着全球 NB-IoT 标准化的进程，目前全球通过的 NB-IoT 技术标准提案中有 41%来自华为。2020 年，在国际知名调研机构 Gartner 的报告中，腾讯云入选魔力象限代表企业，这意味着腾讯云 IaaS 和 PaaS 产品能力已进入全球顶级序列。深信服云计算业务已初步形成包括桌面云、超融合、软件定义存储、私有云、专属云、混合云的业务布局，向企业级用户提供云终端、桌面云一体机、超融合一体机、软件定义存储、云计算平台、私有云、专属云、混合云等多款产品、服务和解决方案，为政府单位、教育机构、医疗机构、金融机构、各类型商业企业等单位提供从桌面到数据中心，从本地到云端，从私有云、行业云到混合云的完整云计算解决方案及服务。

第二十五章

福建厦门软件园

第一节　园区概况

厦门软件园是厦门发展软件和信息技术服务业的重要载体，是海西地区信息产业人才的吸附器、培育器和加速器。厦门软件园创建于 1998 年 9 月，包括软件园孵化基地（一期）、软件园产业基地（二期）和蓬勃发展的三期，是“国家火炬计划软件产业基地”和国家唯一的软件人才引智基地。

一期兴建于 1998 年，占地 9.9 公顷，毗邻厦门大学。园区拥有完善的硬件和商务配套设施，聚集了 1.8 万余名各类人才，依托海西股权投资中心，正有步骤地向新型孵化平台和科技金融平台转型升级。

二期于 2005 年奠基，2007 年建成，占地 102.8 公顷，临近厦门国际会展中心。园区被划分为 4 个功能区：动漫游戏区、IC 设计和软件研发区、嵌入式软件和增值服务区、配套服务区。这里是“国家新型工业化产业示范基地”“国家动画产业基地”“国家软件与集成电路人才国际培训基地”。三大通信运营商动漫基地、百度开发者创业中心、腾讯创业基地等众多知名企业落户。园区内建立了 4 个服务体系：技术服务体系、公共服务体系、市场服务体系、人才服务体系。

厦门软件园三期经过 10 年的发展，在基础服务载体建设、产业链布局、企业量质发展等方面取得了瞩目成绩。截至 2021 年，软件园三期已交付投入使用的面积为 242 万平方米，其中 A 区 30 万平方米，B 区 99 万平方米，C 区 52 万平方米，D 区 36 万平方米，移动、电信、电子城产业基地 25 万平方米。软件园三期正在推动建设的面积为 196 万平方米。

软件园不断优化服务供给，通过引进中科院计算所厦门数据智能研究院、信用大数据创新研究院、中国高校（厦门）科技成果转化中心等新型研发机构，助力各类企业在发展过程中获得智力支撑，引入创业咖啡、金融资本、人才服务等 130 多家服务机构，一站式服务载体“创+驿站”可办理 45 个部门近 100 项政府委托业务，网上可办率达 100%，线上办事比例达 95.1%，园区内创业者和企业足不出户，即可享受金融、法律、人才、管理咨询、知识产权、财会、技术创新与质量等多方面的服务。

园区继续围绕“龙头+短板”开展重点企业招商，通过平台招商、乡情招商、合资招商、基金招商等多措并举，在园区原有五大产业集聚的基础上，重点布局人工智能、云计算、大数据等前沿产业，加速新兴产业集聚，着力引进上市公司、全国软件百强企业及独角兽企业的区域总部和研发中心。在此基础上，软件园三期净增工商注册企业 1234 家，同比增长 24.6%；新增注册资本 112 亿元，同比增长 111.2%。累计注册企业 4073 家，入驻人员 3.9 万人。

园区企业量质共举，不断提升整体影响力。2021 年，厦门软件园三期“党建联盟”案例获评全国百个两新党建优秀案例，厦门软件园一期智慧园区项目荣获“2021 中国领军智慧园区”奖，厦门软件园获评省级示范型数字经济园区。

厦门软件园提供优质生活配套服务，完善创新创业孵化体系。园区为吸引优秀人才，从住房、餐饮、交通等基础设施入手，提供 6203 套可拎包入住公寓，配置餐饮、文印、超市、银行等 202 家商业机构以满足日常工作生活需求，规划 76 条公交线路和地铁 1、2 号线以方便员工出行，与园区及周边城市的酒店、学校、医院等生活配套，构成 15 分钟产城人融合生活圈，打造高质量、高效率、高生态的园区生活圈。众创空间、孵化器聚集了新兴中小企业和优秀的年轻人。厦门软件园拥有国家级众创空间 20 家、省级以上双创示范基地 4 家、省级新型研发机构 9 家、企业技术中心 15 家、工程技术研究中心 19 家。园区在本地设立专业孵化器，在台湾地区设立离岸孵化器，加强海峡两岸的沟通、联系，累计已毕业台湾团队超过 300 个，台湾创客超过 1000 人，毕业团队共获投资超过 5000 万元。

第二节　重点行业发展情况

（一）动漫游戏

厦门软件园作为城市动漫游戏和新媒体产业的重要新兴产业集聚地，影响力日益扩大，企业原创研发创新能力不断提高，新媒体业务保持快速发展。园区先后成功荣获“国家动画产业基地”“国家级文化产业示范园区”“海峡国家数字出版产业基地”“福建省创意产业重点园区”等称号。园区吸引了咪咕动漫、飞鱼科技、4399 游家网络、吉比特等一批业内知名的动漫企业入驻，汇聚成园区别具特色的动漫游戏产业优势。厦门动漫企业积极跟随 IP 授权交易的步骤调整，逐步找到产品变现渠道。游戏企业基本完成从客户端游戏、网页游戏向手机游戏转型，在完成转型的过程中，开始积极布局融入 VR、电子竞技等新型业务。厦门已有 6 家动漫游戏企业成功挂牌新三板，其中四三九九网络股份有限公司、咪咕动漫有限公司等公司的营业收入达亿元级别。翔通信息、中天启航等内容提供商（CP）在咪咕手机动漫游戏平台收入超过 1000 万元。翔通动漫、青鸟动画、中科亚创等老牌动漫企业在咪咕手机动漫游戏平台保持收入高速增长，并且荣获新媒体业务运营奖励。

（二）移动互联网

厦门软件园秉承“推动产业发展，信息服务民生”的企业使命，形成“科技园区服务运营、信息化产品服务运营、信息产业资本资产运营”三大业务板块，致力于信息化产品的研发、应用和推广。厦门软件园牢抓新兴技术领域发展契机，依靠软件园集聚效应、软件和信息技术服务业基础、沿海区位优势及良好的应用环境，大力发展移动互联网产业，已形成龙头企业增长强劲、小微企业蓬勃涌现、创业人才不断聚集的产业局面，培育出一批知名互联网企业。美图、美柚、同步网络、易名等成长为各自细分领域的明星企业。美图在“全球前十大移动应用开发商排名”中位列第六，拳头产品美图秀秀、美颜相机等 App 连续数月荣登国际 App Store 摄影榜前 5 名，移动端产品全球覆盖设备数已经超过 10 亿台，用户数超过百万的国家和地区达到 18 个；美柚推出的社交平台是全国最大的女性健康社区，美柚经期助手等产品成功占据《互联网周刊》2018 年度 App 分类排行榜女性 App 类别排行榜首；同步网络是国内最大的移动应用分发和游戏联运平台之一；厦门易名科技股份有限公司的域名存储量多达 800 多万个，位列全国第二。

（三）人工智能

厦门软件园的人工智能产业布局初具规模，已形成从芯片端到算法端再到应用端的完整产业体系，在安防、医疗、交通、家居等应用领域也涌现出一批细分领域的领军企业。园区拥有美亚柏科、网宿科技、南讯软件、雅迅网络、绿网天下、商集等骨干企业。美亚柏科是全球最大的电子数据取证公司，网宿科技是全国最大的内容分发网络（CDN）及互联网数据中心（IDC）综合服务提供商，南讯软件是新型零售业态下中国最大的零售企业客户资源管理解决方案提供商，雅迅网络是全国商用车领域最大的车联网公司。园区人工智能企业为医疗、交通、金融、安防、消费、能源等行业提供智慧化解决方案和应用软件开发。园区拥有易联众、亿联网络、智业软件、路桥信息等国内知名企业。易联众的新标准社保卡发行量全国第一，亿联网络在统一通信终端领域全球第二，智业软件在医疗卫生和健康领域信息化方面全国领先，路桥信息的智慧停车及综合交通基础设施养护管理业内领先。

企　业　篇

第二十六章

基础软件企业

第一节　麒麟软件

（一）发展情况

麒麟软件有限公司（简称麒麟软件）是国产操作系统引领企业。麒麟软件在天津、北京等全国十余地设有分支机构，服务网点遍布全国 31 个省会城市。麒麟软件以安全可信操作系统技术为核心，旗下拥有“银河麒麟”“中标麒麟”两大产品品牌，现已形成服务器操作系统、桌面操作系统、嵌入式操作系统、麒麟云、安全邮件等产品，并在政府、金融、电信等行业领域获得广泛应用。作为国产自主操作系统厂商代表，麒麟软件先后申请专利 551 项，其中授权专利 214 项，主持和参与起草国家、行业、联盟技术标准多达 60 余项。公司曾荣获国家科技进步奖一等奖等国家级、省部级和行业奖项 400 余项，并被授予“国家规划布局内重点软件企业”“国家高技术产业化示范工程”等称号。在创新能力建设方面，公司通过了 CMMI5 级评估，并建设有博士后工作站、省部级基础软件工程中心等人才培训和创新载体。

（二）发展策略

兼容国内主流云计算平台。2021 年 6 月，麒麟软件与百度智能云举行战略合作签约仪式，双方将根据合作协议，开展产品技术创新、应用生态建设、市场开拓等合作，助推国产操作系统与人工智能、云计算、大数据等前沿科技的融合创新，升级 AI 时代新型基础设施，打造智能应用新生态，共筑网信发展新格局。

打造操作系统产业生态。麒麟软件高度重视生态体系建设，与众多软硬件厂商、集成商建立长期合作伙伴关系，建设完整的自主创新生态链，为国家网信领域安全创新提供有力支撑。截至 2022 年 3 月 31 日，麒麟软件已与 4300 多家厂商建立合作，完成超过 37 万项软硬件认证和适配，生态适配官网累计注册用户数超过 2.2 万人。

第二节　人大金仓

（一）发展情况

北京人大金仓信息技术股份有限公司（简称人大金仓）是具有自主知识产权的国产数据管理软件与服务提供商。人大金仓构建了覆盖数据管理全生命周期、全技术栈的产品、服务和解决方案体系，已获得 26 项授权数据库内核实现技术专利、87 项软件著作权，产品广泛应用于电子政务、国防军工、电力、金融等超过 60 个重点行业，完成装机部署超过 100 万套，覆盖全国近 3000 个县市。2021 年，人大金仓持续在国产数据库关键领域市场占有率第一，在信创领域市场占有率超过 50%，入围工业和信息化部“2021 年数字技术融合创新应用典型解决方案”。2021 年 12 月，人大金仓再次获得太极股份近 2 亿元增资，太极股份将收购人大金仓少数股东股权，持股比例从 33.28%上升至 51%，研发创新能力及未来发展潜力获得肯定。

（二）发展策略

强化品牌生态建设。人大金仓秉持合作、赋能、共生的理念，以兼容认证、认证培训、开发者社区、数据生态产品、高校生态建设为抓手，积极开展生态建设。2021 年，人大金仓与华为、麒麟软件、统信软件等十多家厂商围绕数据库生态建设发起“金兰生态联盟”，聚合产业生态力量搭建行业生态用户平台。人大金仓还通过 KCA、KCP 课程培训和开发者社区赋能 DBA 及技术人员，打造企业与个人互动、互促、共进步的生态格局。

持续推动产品技术创新。2021 年，人大金仓发布了用于多云环境的金仓云数据库服务管控平台 KRDS，该产品同步支持 KES、KADB、PostgreSQL 等数据库产品，并支持阿里云、华为云、曙光云、腾讯云等国内主流云平台。人大金仓对核心产品 KES 进行了全新升级，搭载高内聚、低耦合的可扩展内核架构，在确保产品快速迭代的同时保持稳定，支持高并发、海量数据的算力需求，具备自动发现问题、诊断问题、异常发生的自愈能力以避免业务中断，应用开发能力倍增，性能比肩头部厂商 Oracle。

第三节　深度科技

（一）发展情况

武汉深之度科技有限公司（简称深度科技）成立于 2011 年，是专注于基于 Linux 的操作系统研发与服务的商业公司。深度科技的操作系统产品已通过公安部安全操作系统认证、工业和信息化部国产操作系统适配认证，入围国管局中央集中采购名录，并在国内政府、金融、运营商、教育等行业领域得到广泛应用。在全球开源操作系统排行榜中，深度操作系统（deepin）是率先进入国际前 10 名的中国操作系统产品。deepin 的全球真实用户超过了 100 万，在 42 个国家拥有 135 个镜像站点，在 GitHub 上开源数量 20 余个，issue 问题处理近 3000 个，PR 代码合入 200 多个。deepin 社区注册用户数达到 12 万，论坛发帖超过 7 万条，自媒体关注者超过 20 万。深度科技还参与研发了统一操作系统（UOS），UOS 适配的软硬件达到 2436 款，涵盖从打印机、扫描仪、整机等硬件外设到办公、企业级应用、开源软件等，日常办公乃至部分专业领域都可以使用。

（二）发展策略

深化社群互动。为了让更多用户了解、使用 deepin，深度操作系统在微信、微博、Facebook、Twitter 等国内外平台上都开通了自媒体账号，粉丝数超过 20 万。2021 年 12 月，第十一届深度开发者与用户大会（DDUC）在线举行，行业伙伴、业界专家、技术大咖及广大用户和媒体齐聚直播间，共同探讨开源基础软件发展、桌面操作系统前沿趋势，分享最新项目实践经验与开源成果。2021 年 12 月，deepin 成立开源社区中心，可以在更大范围和更大程度上连接内部开发者、产品和外部开发者、用户，功能包括社区版持续的更新和维护、整个开源代码的开放等。

积极与平台企业开展合作。深度科技与华为在基于鲲鹏处理器的泰山服务器上进行了深入合作。深度研发团队与 openEuler 系统团队密切配合，完成了深度服务器操作系统的适配、移植和优化工作，并基于鲲鹏平台发布了 3 款操作系统产品。在生态建设上，深度科技与华为一道，正积极构建

openEuler 社区与鲲鹏生态,并主动承接了鲲鹏平台操作系统的商业应用和商业技术服务。

第四节　金山办公

（一）发展情况

北京金山办公软件股份有限公司（简称金山办公）为金山软件集团子公司，主要研发并运营 WPS 系列办公软件。经过 30 余年的发展，金山办公已成长为全球领先的办公软件和服务提供商，建立起完整的国产化办公体系，其产品已覆盖众多主流的操作系统与平台。截至 2021 年 12 月，金山办公软件系列产品的月活跃用户超过 5.44 亿，其中 WPS Office 桌面版的月活跃用户超过 3.21 亿，WPS Office 移动版的月活跃用户超过 2.82 亿。在《互联网周刊》公布的 2021 年度 App 分类排行榜中，WPS Office 荣膺“2021 年度高效办公 App 排行”第一名。

（二）发展策略

打造差异化产品布局。目前，金山办公研发的办公软件已形成相关的产品矩阵，全面覆盖桌面端、移动端、云服务等多终端、多场景的办公需求。企业立足国内实情，通过差异化功能、精准的市场定价、免费产品与收费服务相结合的销售策略，成功占领了国内不少的市场份额。例如，在桌面端产品竞争方面，金山办公通过小而精的产品策略与微软开展差异化竞争，积极把握国产替代机遇成功占领信创市场；在移动端产品竞争方面，金山办公则通过优秀的产品性能与交互体验，营造了在主流移动平台上的产品“护城河”，并通过免费策略成功捕获了中小型客户与广大个人消费者群体。

创新协同办公体验。在 2021 金山数字办公大会上，金山办公发布了金山协作、轻维表和金山知识库三大新品和金山数字办公平台，向赋能大型组织的办公数字化平台进化。至此，金山办公已形成内容创作与管理、协同办公、业务赋能、安全管控四大板块 20 类功能产品矩阵，覆盖数字办公的全生命周期，实现闭环的人员、工具、流程数字化及安全管控。金山办公产品由单机工具转向协作服务，未来将由个人办公转向组织数字办公。

第五节　达梦数据

（一）发展情况

武汉达梦数据库股份有限公司（简称达梦数据）成立于 2001 年，是中国电子信息产业集团（CEC）旗下的基础软件企业。通过多年发展，达梦数据已在数据管理与数据分析领域掌握了较为前沿的核心技术，其数据库产品具有完全自主知识产权。达梦数据在国内率先获得自主原创产品认证，在工业和信息化部等组织的“网信”综合测评中多项指标排名领先。自成立以来，达梦数据先后完成了近 60 项国家及省市级的科研开发项目，取得了近 400 项研究成果，获得了 30 多项国家、省部级奖励。目前，达梦数据的系列数据库产品及综合方案已广泛应用于金融、电信、社保、公积金、民航、电力等 50 多个行业和领域，服务的海内外用户数量超过 10 万家，产品装机量有近百万套。

（二）发展策略

高度重视自主研发。达梦数据以自主创新的数据库核心技术为基础，率先推出自研的达梦启云数据库云服务系统 DMCDB。DMCDB 已助力众多政企用户迈过上云门槛，率先走向新一代 IT 架构云化升级。DMCDB 已经在多个公有云、政务云及党政机关单位中成功应用。最典型的项目包括广西电子政务外网云计算中心、深圳市发改委的“智慧发改”项目、中国移动云等，最大部署规模达到近 30 个物理节点，有效支撑上百个业务系统的稳定运行。

持续强化产业链联合创新。2021 年 9 月，达梦数据与深信服签署战略合作深化协议。双方曾联合推出“双栈云数融合解决方案”，为用户提供生态整合、一站式、轻量级、低风险的 IT 改造方案。本次双方深化合作后，依托信服云服务平台，达梦数据的数据库产品、数据库迁移能力、数据库管理平台等可以让用户享受更为便捷的服务。2021 年 12 月，达梦数据与 360 公司签署战略合作协议，双方将聚焦信创安全市场，共同开启产品、解决方案等多维度联动与合作，以丰富信创安全体系的生态建设。

第二十七章 工业软件企业

第一节　中望软件

（一）发展情况

广州中望龙腾软件股份有限公司（简称中望软件）是我国 CAx 工业软件的龙头企业，2020 年 10 月 21 日首发申请获得上海证券交易所通过，成为我国首家三维 CAD 软件上市企业。中望软件成立于 20 世纪末期，成立初期定位于二维 CAD 软件产品的开发服务，通过 20 多年的技术积累和品牌沉淀，公司在研发设计工业软件领域的知名度逐步形成，渐渐扭转了国外大型工业软件的垄断局面。中望软件通过收购美国 VX 公司的三维几何内核等知识产权及软件研发团队，推出自研三维 CAD 软件，再结合典型场景的应用实践和迭代更新，成为建模功能丰富、接口兼容性高的平台型软件企业。近几年来，中望软件持续扩大三维 CAD 在智能制造、建筑模型、流程工厂领域的模型开发，又积极开拓高端制造领域中的 CAE 分类，掌握了全波三维电磁仿真核心技术。

经过长期的技术深耕和市场开拓，中望软件发展路线清晰、产品线稳定，形成了以 CAD/CAM/CAE 为主的产品矩阵，借助成功上市后的资本市场支持，中望软件对内加强基础技术研发和产品标准建设，对外通过兼并重组壮大企业规模，致力于成为中国领先、世界一流的工业软件开发商。

（二）发展策略

专注核心技术研发。中望软件是国内少有的长期坚持自主研发创新的研发企业，完整掌握二维、三维 CAD 几何内核技术，重点布局电磁仿真，同时也是我国掌握 CAD 核心技术的少数企业之一，拥有发明专利 3 项、计算机软件著作权近 180 项、作品著作权 3 个。一方面，中望软件拥有的三维几何内核解决了我国 CAD 领域的“卡脖子”难题，提高了底层的自我开发能力，摆脱了产品低端化困境，避免依附于国外高端软件；另一方面，中望软件的三维混合建模内核能够完全商业化，解决了我国工业软件产学研脱节的问题。

重视全球市场拓展。中望软件借助有利政策，不仅开拓了国内市场，也积极探索国外市场。在国内市场中，中望软件的客户群体覆盖大多数央企，如中国中车集团有限公司、中国船舶集团有限公司、国家电网有限公司、中国南方电网有限责任公司、中国建筑集团有限公司。其中，中望软件和中船进行源代码级的深度合作，是通用性三维 CAD 软件在具体行业定制开发的经典案例。在国外市场中，中望软件为全球近 150 家世界 500 强企业提供二维 CAD 软件产品，其中包括大众、丰田、本田等知名企业。

第二节 华大九天

（一）发展情况

北京华大九天科技股份有限公司（简称华大九天）是一家专注于软件工具开发、IP 和集成电路产品解决方案的 EDA 研发企业。华大九天正式成立于 2009 年，但其核心技术来源于国家重大科技技术攻关项目 IC CAD 系统，当初的科研成果经过艰难转化，成为如今可以产业化、商业化应用的 EDA 工具。华大九天起初为国有企业，隶属于中国电子信息产业集团旗下的华大电子，经过了独立分离、4 轮资本市场融资、上市辅导准备等市场化改革。2021 年 9 月，公司在创业板首发申请获深圳证券交易所通过，获得充足市场资金支持后，研发力量将得到全面保障。

（二）发展策略

聚焦细分应用领域。华大九天作为国内实力最雄厚的 EDA 软件工具平台，数字电路工具仍然不够丰富，难以提供全定制电路的各类点工具，但是华大九天借助我国显示器行业发展优势，基于产业链融通，打造出一套显示器面板的全流程设计工具。基于显示器行业特殊性和行业壁垒，华大九天为京东方、华星光电、熊猫、维信诺等提供全流程研发工具。然而，相比于国外三大 EDA 软件巨头，华大九天在软件技术、营业规模、研发团队方面还有巨大差距。

重点支持先进工艺。近年来，华大九天只有极个别工具能够支持 14nm、7nm、5nm 工艺制程的芯片研发，大多数软件工具代际差距较大。今后，华大九天将着力做好软件技术升级，为芯片各流程提供配套开发能力，解决先进工艺的设计难题。华大九天将携手中芯国际、华力微电子、华虹宏力、华为海思、中兴微电子、紫光展锐等晶圆制造和 IC 设计公司，从产业生态角度共同提升我国芯片行业工艺水平。

第三节　中控技术

（一）发展情况

浙江中控技术股份有限公司（简称中控技术）成立于 1999 年，是国内自动化控制系统的龙头企业。中控技术在成立初期的主要定位为中小型项目集散控制系统供应商；在发展中期，中控技术突破各类大中型项目自动化控制系统技术难点，软硬件产品覆盖现场仪表、安全栅、控制阀、先进控制等；近年来，中控技术积极打磨智能制造解决方案，结合安全仪表系统、混合控制系统等，为自动化企业提供智能工厂和智能制造数字化方案。

（二）发展策略

精耕控制系统工业软件。中控技术主要的工业软件产品包括集散控制系统（DCS）、安全仪表系统（SIS）、混合控制系统、先进过程控制（APC）、制造执行系统（MES）和仿真培训软件（OTS），是当之无愧的控制系统工业软件龙头。中控技术侧重研发控制系统软件，在 DCS 国内市场中处于首位，在 SIS 国内市场中处于第 2 位。

打造工业自动化平台。近年来，中控技术正在从基于软件集成的智能制造解决方案提供商，向工业 4.0 的工业自动化平台转变。在中控技术的招股书中，3.66 亿元的募集资金将用于研发自动化管家 5S 一站式服务平台建设项目，反映出中控技术在注重基础控制系统研发的同时，积极布局工业 4.0 平台建设。

第二十八章

信息技术服务企业

第一节　中软国际

（一）发展情况

北京中软国际信息技术有限公司（简称中软国际）是行业领先的全球化软件与信息技术服务企业之一，致力于服务制造企业转型升级，为政企客户提供“多快好省”的信息技术服务，业务覆盖银行、保险、证券、政府、制造、电信、高科技、交通和能源等多个行业。2021 年，中软国际业务快速增长，营业收入达 183.98 亿元，同比增长 30.47%，其中云智能业务收入达 53.06 亿元，同比增长 62%。中软国际 2017—2021 年营业收入及净利润情况如表 28-1 所示。

表 28-1　中软国际 2017—2021 年营业收入及净利润情况

年　度	营业收入情况		净利润情况	
	营业收入/亿元	增长率/%	净利润/亿元	增长率/%
2017 年	92.44	36.28	5.66	28.05
2018 年	105.85	14.51	7.16	26.50
2019 年	120.42	13.76	7.55	5.45
2020 年	141.01	17.10	9.55	26.49
2021 年	183.98	30.47	11.37	19.06

数据来源：中软国际财报。

（二）发展策略

推进云智能业务，发展第二曲线创新业务。中软国际紧抓云与智能转型的机遇，在云管理服务和专业服务领域取得领先地位，在 IDC 第三方云管理服务市场中排名跃居第二，云迁移、云开发专业服务蝉联第一。2021 年，中软国际与华为云持续深化生态合作关系，新增 5 个联合运营创新中心，在华为第三方运营模式中排名第一；致力于构筑全栈领先云服务，连接多家领先云厂商，已与华为云、移动云、腾讯云、天翼云等多家云厂商合作；云服务品牌 CloudEasy 全面升级，已在多个商业场景中实现应用，在线云服务“华夏云网”正式商用。

以 FFW（From、For、With）策略为导向，积极培育大客户。中软国际借助“供应商发展计划”，制定 FFW 大客户发展策略，管理华为、腾讯、中国移动、中国平安等重点大客户业务，同时在金融、电信、互联网、高科技等领域持续拓展新客户群体。2021 年，中软国际依托自身在金融卡基方面的优势，积极参与多家国有大行、股份制银行等的数字货币建设，助力客户建设各类数字货币场景；持续深耕互联网行业，深化与腾讯、阿里巴巴、百度等大客户合作，并不断拓展字节跳动、京东、美团等知名互联网企业客户；持续深耕自动驾驶、知识图谱等细分业务领域，进一步加强与中国平安、道通科技等客户的合作，自动驾驶数据服务业务实现高速增长。

第二节　神州数码

（一）发展情况

神州数码控股有限公司（简称神州数码）是国内优秀的云服务及数字化转型服务提供商之一，始终坚持自主创新核心技术，逐步构建全栈式云服务能力，为处在不同阶段的行业客户提供数字化转型全生命周期的产品、方案和服务。2021 年，神州数码实现营业收入 1223.85 亿元，同比增长 32.94%，首次突破千亿元。其中，云计算及数字化转型业务保持高速增长，实现收入 38.8 亿元，同比增长 46%；自主品牌业务收入加速突破，实现收入 16.5 亿元，同比增长 127%。信创收入 11.5 亿元，同比增长 236%。此外，2021 年神州数码累计研发投入达 2.4 亿元，同比增长 32%。神州数码 2017—2021 年营业收入及净利润情况如表 28-2 所示。

表 28-2　神州数码 2017—2021 年营业收入及净利润情况

年　度	营业收入情况		净利润情况	
	营业收入/亿元	增长率/%	净利润/亿元	增长率/%
2017 年	622.16	53.51	7.23	80.75
2018 年	818.58	31.57	5.12	-29.18
2019 年	868.03	6.04	7.01	36.91
2020 年	920.60	6.06	6.24	-10.98
2021 年	1223.85	32.94	2.38	-61.86

数据来源：神州数码财报。

（二）发展策略

加速推动云计算及数字化转型业务增长。2021 年，神州数码持续拓展云计算及数字化转型业务，云管理服务及数字化转型解决方案业务收入达 4.5 亿元，同比增长 54%。在云管理服务业务方面，神州数码进一步提升全生命周期服务能力，落地多个 DevOps、容器、微服务相关项目；积极拓展云资源圈，与华为云、腾讯云、谷歌云等合作，深化合作伙伴生态。在数字化转型解决方案方面，神州数码持续面向金融、零售、快消等多行业客户提供数字化转型解决方案，发布数据安全全生命周期产品布局、Jarvis 人工智能知识引擎等，提升数据安全能力，提供更全面的基于场景的应用服务能力。

积极参与信息技术应用创新产业生态建设。神州数码坚持自主创新，聚合生态，围绕国产信息技术核心体系打造全产业链产品及解决方案。在技术发展方面，神州数码持续加大信创领域研发投入，一是验证基于鲲鹏算力的各种异构计算底座和框架解决方案，二是迁移适配多个开源生态组件到鲲鹏环境中进行测试验证。在产业布局方面，神州数码以鲲鹏算力为核心，积极拓展龙芯、飞腾产品线，进行多元化布局。在产投合作方面，神州数码与多个投资机构签署合作协议，共同建设信创总部基地，推动信创业务规模进一步扩大。2021 年，神舟数码成功入选“信创企业 40 强”，中标“中国移动 2021 年至 2022 年人工智能通用计算设备集中采购”“中国移动 2021 年至 2022 年 PC 服务器集中采购”等多个标杆项目。

第三节　东软

（一）发展情况

东软集团股份有限公司（简称东软）是我国领先的 IT 解决方案与服务供应商，始终坚持以软件技术为核心，重点在医疗健康及社会保障、智能汽车互联、智慧云城市、企业互联等领域发展，在云计算、大数据、物联网、人工智能、区块链等新技术的应用方面不断取得突破。2021 年，东软的自主软件、产品及服务业务实现收入 75.14 亿元，占公司营业收入的 86.02%；系统集成业务实现收入 10.63 亿元，占公司营业收入的 12.17%。东软 2017—2021 年营业收入及净利润情况如表 28-3 所示。

表 28-3　东软 2017—2021 年营业收入及净利润情况

年　度	营业收入情况		净利润情况	
	营业收入/亿元	增长率/%	净利润/亿元	增长率/%
2017 年	71.31	-7.81	10.58	-42.84
2018 年	71.71	0.56	1.10	-89.60
2019 年	83.66	16.66	0.37	-66.36
2020 年	76.22	-8.89	1.31	254.05
2021 年	87.35	14.60	11.73	795.42

数据来源：东软财报。

（二）发展策略

深耕医疗健康及社会保障领域。东软通过构建可持续发展的大健康生态系统，利用信息技术构造健康与医疗服务平台及生态，推动信息技术与医疗深度融合，创新医疗服务模式，业务覆盖卫健委、医院、医保、商保、养老等多个行业领域。2021 年，东软采用云原生技术架构推出了新一代麻醉与围术期医学整体解决方案，已在赣州市人民医院上线；重点参与国家医保信息平台和全国 19 个省级新医保信息平台项目建设，承建 9 个省级医保信息平台核心经办系统，承接 8 个省级异地就医平台、104 个统筹区的核心经办系统运维；中标人力资源和社会保障部“金保工程”二期应用软件开发项目，为广东、新疆、天津、杭州等多省市社会保障信息化建设提供服务。

积极拓展智能汽车互联业务。东软作为全球领先的汽车电子产品和服务提供商，积极推动汽车电子产业发展，深度布局大汽车生态系统。2021年，东软聚焦车厂发展，根据需求为车厂提供软件定制化服务，通过参与汽车软件设计，实现与客户的合作共赢；充分发挥在智能网联汽车领域的产业资源和技术优势，与赛迪、宸芯科技、主线科技等开展战略合作，共同推动智能网联汽车产业升级；生产的新一代智能座舱产品、BOX产品、全球在线导航系统等产品已应用于多款车型并持续量产交付；子公司东软睿驰推出新一代自动驾驶中央计算平台，提供L3、L4级别自动驾驶功能，为更高等级自动驾驶产品的量产奠定了坚实基础。

全面助力智慧城市建设。东软持续推进“智慧云城市”战略，全面助力城市数字化转型升级，成功构建“以大数据为核心的新型智慧城市”业务框架，覆盖咨询规划、建设实施、运营服务等众多业务领域。2021年，在智慧政务方面，东软承建国家知识产权局专利审查和检索系统智能化升级、国家发展和改革委员会“智慧发改”一期工程应用系统定制开发、国家市场监督管理总局信息中心企业监管平台2021年度升级改造等项目，并助力多省市智慧政务信息化建设；在智慧交通方面，东软与中国移动上海研究院签署“5G+北斗高精度定位”战略协议，推动下一代车路协同系统融合技术研究；在智慧教育方面，东软为高校提供全方位信息化服务解决方案，包括综合信息服务平台、基础教育云平台解决方案等，智慧教育产品已覆盖60多个城市、600余所学校。

第二十九章

嵌入式软件企业

第一节　华为

（一）发展情况

华为技术有限公司（简称华为）于 1987 年成立，专注于为电信运营商、商业企业和终端消费者提供通信产品服务，作为信息与通信技术（Information and Communication Technology，ICT）基础设施和智能终端提供商，在全球居于领先地位。2021 年年度报告显示，华为 2021 年年销售收入为 6368 亿元，在新冠肺炎疫情和地缘政治的影响下，业务水平总体仍呈现出稳定增长趋势。具体来看，在三大主营业务中，运营商业务收入为 2815 亿元，消费者业务收入为 2434 亿元，企业业务收入为 1024 亿元，其中新兴业务增长 30%。在工业和信息化部公布的中国软件业务收入前百家企业名单中，华为连续 20 年蝉联第一，规模效益、质量技术、研发水平和社会责任等多维指标均处于领先地位。华为为我国提供安全可信的网络基础环境和高品质的智能终端，共建国家数字经济底座，赋能千行百业。

（二）发展策略

赋能行业数字化转型。随着新一轮产业变革，数字化、智能化成为经济社会发展的重要驱动力，各行业数字化转型进程加快。2021 年，华为与合作伙伴携手，在港口、制造、煤矿、钢铁、化工等 20 多个行业实践数字化转型升级，累计签署了超过 3000 个 5G 行业应用商用合同。例如，利用 5G+高清视频实现龙门吊的远程控制，极大程度改善了港口的工作环境与体验；

利用5G远程操控赋予炼钢车间工人安全、舒适的工作环境，提升生产效率；利用5G机器人巡检、5G移动作业监控等手段对容易发生事故的化工行业厂区进行全要素视频采集和全天候分析，使得安全预判效率大幅提升。

推进数字人才培养。数字经济加速发展，数字人才成为带动数字化转型、推动经济增长的关键动力。华为自2008年开始，发起“未来种子”项目，为构建数字人才生态贡献力量。2021年，华为发布“未来种子2.0”计划，承诺在未来5年投入1.5亿美元用于数字化人才培养，新增受益人数预计将超过300万人。同时，华为发起数字包容倡议，让更多的个人、组织加入华为，共同推进数字人才的发展计划，实现技术普惠，共同推动数字经济高质量发展。

深入扎根基础研究。基础研发能力是企业发展的根本，紧抓核心技术研究，加大研发投入，是实现未来更好发展的必要条件。2021年，华为研发费用支出为1427亿元，约占全年收入的22.4%。近年来，华为接连建立了86个基础技术实验室，扎根基础研究，持续构建完善核心技术体系；研发提出AI时代可信计算的新架构模型，实现多语言、跨平台运行，数据处理量提升3个数量级；与合作伙伴携手打造覆盖未来计算场景的开源操作系统，促进算力和数据流通，推动实现算力普惠。

秉持开放合作理念。合作共赢，是促进科技发展的新引擎，也是企业发展的加速器。2021年，华为坚持开放合作，积极融入全球学术组织，与各国科学家、研究学者共同解决世界级的挑战和难题；不断强化与全球高校、科研机构的合作，促进科技共同进步；通过实施多元化全球运营供应策略，构建长期、持续、稳定的供应能力，保障供应连续性和可持续发展，已经与全球上万家供应商和合作伙伴建立了长期合作关系；秉持“合作共赢、共同发展”理念，打造安全、可靠、有竞争力的健康产业链，持续为全球客户提供优质的产品与服务。

第二节　中兴通讯

（一）发展情况

中兴通讯股份有限公司（简称中兴通讯）成立于1985年，是我国最大的通信设备上市公司，其所涉猎的业务范围非常广泛，具体包括无线、接入、终端、服务等领域。公司发布的2021年年度报告显示，2021年中兴通讯实现营业收入 1145.2 亿元，同比增长 12.9%。其中，在运行商业务方面，全年实现营业收入 757.1 亿元，同比增长 2.3%；在政企业务方面，全年实现营业收入 130.8 亿元，同比增长 16.0%，国内政企业务营业收入增长超过 40%；在消费端业务方面，全年实现营业收入 257.3 亿元，同比增长 59.2%。在工业和信息化部公布的 2021 年（第二十届）中国软件业务收入前百家企业名单中，中兴通讯位列第五。中兴通讯为全球 180 多个国家和地区的顶级运营商提供创新技术与产品解决方案，通过全系列的无线、有线、业务、终端产品和专业通信服务，满足全球不同运营商的差异化需求。

（二）发展策略

继续固本，努力保持第一曲线稳定增长。ICT 业务是中兴通讯的传统优势领域，被其称为第一曲线。2021 年，中兴通讯秉承“稳重求进”发展策略，在 ICT 领域持续深耕，包括进一步提升频谱和光谱的效率，加速网络商用性能优化及自主进化，持续深化芯片、算法和架构的软硬协同等，计划未来在国内市场中，主营业务产品能占据 40%以上的市场份额，在海外市场中，将以稳为主，聚焦提效，持续提高市场占有率，优化市场布局。

持续推展，积极打造公司增长第二曲线。中兴通讯以“具备市场吸引力、处于合适的进入时间窗口、与公司现有能力相契合、公司可构建起竞争优势”为基本原则，选择拓展 IT（服务器及存储等 IT 基础设施，以及 5G 行业应用、汽车电子等数字化转型业务）、数字能源（电源、数据中心、新能源等）、终端（手机、移动互联、智慧家庭等）等新兴业务领域，持续发力打造业务第二曲线。基于原有 ICT 业务基础，中兴通讯以服务器及存储、终端（含智慧家庭终端）、5G 行业应用、汽车电子、数字能源等新赛道为突破口，在市场优势区域进行战略拓展，陆续成立汽车电子产品线、智慧家庭产品线、数字能源经营部等，为第二曲线业务发展做出适应性调整，保障第二曲线新业务发展顺利进行。

第三节　国电南瑞

（一）发展情况

国电南瑞科技股份有限公司（简称国电南瑞）成立于 2001 年，成立初期主要负责电力自动化方面的软硬件开发，随着科技的进步，公司业务领域有所延伸，已经覆盖到工业控制、智能电网、新能源及轨道交通等嵌入式诸多领域，主要从事电网调控技术、电网安全稳定控制技术、变电技术、配电技术、风电光伏等电气控制技术、轨道交通控制技术的研发应用，并提供各专业全方位解决方案和产品设备。公司年报显示，2021 年公司主营业务总收入和净利润分别为 424.11 亿元、56.42 亿元，同比分别增长 10.15%和 16.30%。在 2021 年中国软件百强企业名单中，国电南瑞排名上升，位列第 13 名。国电南瑞以传统优势产业提升、新型支柱产业培育、现代服务业发展、国际化发展为重点，顺应“互联网+”、人工智能、5G 等发展新趋势，以全面建设成为国际领先的能源互联网产业集团为战略目标，致力于发展成为服务能源互联网建设的技术引领者和服务经济社会发展的价值创造者。

（二）发展策略

强化创新能力，培育发展新动能。科技创新是企业发展的加速器，充沛的资金流和持续的研发投入是确保技术革新的重要原动力。近年来，国电南瑞瞄准世界电力前沿，以原创性理论和发明专利为重心，提高自身的技术源头创新能力，同时充分发挥在大电网安全稳定、继电保护、信息通信等领域的优势，加快产品和技术迭代升级，深度参与数字电网、清洁能源消纳、能源互联网等重大项目建设，为传统领域创造新价值。

坚持环保理念，促进技术低碳发展。良好的生态环境是经济高质量发展的基石，国电南瑞坚持推动环境保护事业，积极投身海上风电、光伏、水电等清洁能源产业建设。例如，通过自主研制世界上第一套百万水电机组励磁系统，助推我国重大工程白鹤滩水电站投运；通过调度及并网控制技术，保障新能源上网；利用充换电及港口岸电技术，支持电能替代等。国电南瑞坚持绿色运营发展理念，倡导绿色制造、绿色办公，减少生产经营碳排放，致力于把公司建设成为资源节约型和环境友好型企业典范，为国家环保事业的发展贡献力量。

第三十章

云计算企业

2021 年，以阿里云、腾讯云、华为云为代表的我国云服务厂商持续布局云计算领域业务发展，通过强化研发等方式，不断加快人工智能、大数据与云计算业务的融合应用。

第一节　阿里云

（一）发展情况

阿里云计算有限公司（简称阿里云）成立于 2009 年，由阿里巴巴集团投资创办，在杭州、北京和美国硅谷等地设有研发中心和运营机构。阿里云依托阿里巴巴强大的技术实力和业务场景，集中国内外云计算领域的顶尖专家，历时两年多研发出国内第一个拥有自主知识产权的云计算平台，并且该云计算平台经过多年实际生产运行的检验和“双 11”的海量业务冲击，成为国内第一个可用、可靠、可信的云计算平台。阿里云致力于打造公共、开放的云计算服务平台，并将借助技术的创新，不断提升计算能力与规模效益，将云计算变成真正意义上的公共服务。阿里云将通过互联网的方式使得用户可以便捷地按需获取阿里云的云计算产品与服务。

阿里云长期居于亚太地区市场份额第一，2021 年的市场份额达到了 25.53%，超过亚马逊 AWS、微软、华为云等云服务厂商。截至 2021 年，阿里云已经在全球建立了 26 个地域节点和 82 个可用区，服务范围已成功覆盖超过 200 个国家和地区。在技术领域，阿里云拥有中国唯一自研云操作系统飞天，该系统的计算、存储、网络、安全等核心技术能力在权威测评中均已经实现全球领先。

（二）发展策略

积极进军东南亚市场。2021年，阿里云先后在印度尼西亚、菲律宾、韩国、泰国等地新增本地数据中心，升级海外团队的组织结构，设立国家经理制度。在2021年阿里云国际峰会上，阿里云宣布未来3年再投入10亿美元，用于亚太地区市场的本地化团队和生态建设。阿里云在海外服务超过百万用户，其中包括洲际酒店集团、新加坡最大邮政集团 Singapore Post、马来西亚知名电商 PrestoMall、马来西亚最大电器零售商 Senheng、印度尼西亚金融集团 Astra Financial 等知名企业。在亚太地区的云计算市场中，阿里云排名第一，份额接近亚马逊 AWS 和微软 Azure 的总和。

持续强化技术积累。作为国内最早进入云计算领域的云服务厂商，阿里云的先发优势非常明显。阿里云是国内唯一一家具备自研云操作系统、大数据、数据库等全套产品的云服务厂商。得益于充足的技术积累，阿里云在全球的竞争力明显。阿里云已成为国际奥委会长期合作伙伴，为支撑奥运会核心系统、赛事转播系统的运行提供了关键底座。在2021云栖大会上，阿里云发布自研CPU芯片倚天710，该芯片是业界性能最强的ARM服务器芯片，这是阿里云推进“一云多芯”策略的重要一环，倚天710将在阿里云数据中心部署应用。在行业方面，阿里云通过“云钉一体”策略，降低了制造、零售、物流等实体经济行业的用云门槛。企业不需要掌握专业的IT技术，业务人员用低代码就能自己开发应用。

第二节　腾讯云

（一）发展情况

腾讯云计算（北京）有限责任公司（简称腾讯云）为腾讯控股有限公司全资所有，旨在面向全世界各个国家和地区的政府机构、企业组织和个人开发者，提供全球领先的云计算、大数据、人工智能等技术产品与服务，以卓越的科技能力打造丰富的行业解决方案，构建开放共赢的云端生态，推动产业互联网建设，助力各行各业实现数字化升级。腾讯云的发展离不开腾讯在过去的微信、QQ、游戏等业务和产品发展过程中得到的技术锤炼，无论是基础架构还是平台生态，腾讯云都将其快速整合并推向市场，成功为企业和创业者提供集云数据、云计算、云运营于一体的出色云端服务体验。目前，腾讯云的业务范围已成功涵盖游戏、教育、金融、小程序等多个领域，并不断助力客户安全高效上云用云。

2021 年，腾讯云全球服务器数量已超过百万，数据存储规模达 EB 级别，拥有全球加速节点 1300 多个，受到 400 多家权威组织机构的认证，推出 300 余项云产品服务。在 2021 中国国际大数据产业博览会上，基于腾讯云打造的 WeCity 未来城市、腾讯云"一网统管"平台获得"领先科技成果奖"，标志着腾讯云在数字化升级探索中更进一步。

（二）发展策略

积极开拓实体产业领域。2021 年 5 月 14 日，腾讯 CSIG（云与智慧产业事业群）进行了新一轮架构升级。这是继 2018 年"930 变革"后，腾讯又一次重大调整。从整个排兵布阵来看，此次调整更为注重云与行业的打通融合，推动资源的合理分配，以加快平台及生态建设、提升运行效率。这在一定程度上显示，实体产业将成为云计算的下一个增长市场，而如何开拓市场并站稳脚跟，将成为各厂商需要解决的问题。

大力推进 SaaS 发展。腾讯云在 SaaS 方面，拥有企业微信、腾讯会议、微信小程序等产品，可将这些产品作为连接器实现工作协同。2022 年 1 月 11 日，企业微信联合腾讯文档、腾讯会议团队宣布，3 款产品融合打通，在企业微信上联合推出一套效率协作功能。使用新版本的企业微信，用户可从主页、工作台、群聊等入口一键进入新版文档与会议。至此，腾讯产业互联网效率工具实现一体化。这一举措，深化了各类 To B 产品与微信生态的互通，在一定程度上有利于加强产业互联能力。

第三节　华为云

（一）发展情况

华为云计算技术有限公司（简称华为云）成立于 2005 年，隶属于华为公司，专注于云计算中公有云领域的技术研究与生态拓展，致力于为用户提供一站式云计算基础设施服务。华为云立足于互联网领域，提供包括云主机、云托管、云存储等在内的基础云服务，以及超算、内容分发与加速、视频托管与发布、企业 IT、云电脑、云会议、游戏托管、应用托管等服务和解决方案。华为云凭借领先的技术、清晰的生态模式和平台易用性等优势，位居中国工业互联网平台厂商领导者位置。

（二）发展策略

以差异化竞争破局，持续赋能行业合作伙伴。以华为云工业互联网平台FusionPlant为例，该平台包含工业物联平台、工业智能体、工业aPaaS三大部分，可为工业企业提供工业全量数据接入，实现业务在云上敏捷开发、边缘可信运行，助力企业搭建增量的智能决策系统，赋能行业合作伙伴。其中，华为云IoT以万物互联新范式为技术基础，构建工业物联平台，面向工业企业推出一站式OT数据治理平台，可助力集团化企业快速实现集团、工厂和车间的协同管理；支持公有云、混合云、智能边缘等多形态的部署模式；基于工业物联平台构建的开箱即用的数字工厂方案，可帮助离散加工领域的工业企业快速实现生产过程透明化、作业流程规范化、企业决策数据化。而基于华为云工业智能体，将行业知识与AI进行深度融合，使AI应用于工业生产系统，打破工业机理应用的极限，实现AI辅助机器和生产者进行生产执行、决策、预测优化，大幅提升产品质量和生产效率。

以“解决痛点”为导向，扎根各个行业。对行业的深刻理解及丰富的行业实践，是华为云能够获得产业界认可的关键。针对各行业在数字化转型、智能生产中的实际情况和痛点问题，华为云推出了切实有效的解决方案。华为云工业互联网平台已经在钢铁、能源、焦化、纺织、建材、电子信息、汽车、装备制造、家具生产等多个行业领域进行了实践并取得了明显应用效果。以煤矿行业为例，煤矿生产系统复杂，矿井里挖掘、监测等设备多达数百种，井下大大小小业务系统超过30个，矿区作业无法全量感知和精细化管理。基于华为云工业物联平台，陕煤集团旗下的红柳林煤矿完成200种采矿设备建模、35类OT系统接入、400个矿区业务模型构建，从“人、风、水、电、煤”5个维度进行全矿区的数字化重构，智能化采煤率高达97.7%。

第三十一章

大数据企业

第一节　美亚柏科

（一）发展情况

厦门市美亚柏科信息股份有限公司（简称美亚柏科）成立于 1999 年 9 月 22 日，总部位于厦门软件园二期，是国投智能的控股子公司。经过 20 余年的发展，美亚柏科已成为国内电子数据取证行业龙头和公安大数据领先企业、网络空间安全和社会治理领域国家队，是一家具备央企优势、创新活力的集团型企业。公司业务领域由传统的网络安全相关部门向更多行业拓展，并不断向民用市场延伸，业务范围覆盖全国各省、市、自治区及部分“一带一路”沿线国家。

美亚柏科拥有自主技术内核，持续围绕“产品装备化、大数据智能化”，拓展四大产品线、两个主赛道。第一个主赛道是大数据智能化，坚持从公安大数据做起，逐步拓展为市域社会治理平台，并进一步构建新型智慧城市大脑，实现善政、兴业、惠民。第二个主赛道是网络空间安全，由事后“电子数据调查取证”延伸到“网络空间安全”事前、事中、事后全赛道，打造全面的网络空间安全防护体系。

美亚柏科注重技术创新。截至 2022 年 6 月 30 日，美亚柏科共取得授权专利 523 项（其中，发明专利 358 项，实用新型专利 76 项，外观专利 89 项），获得有效注册商标 123 项，登记软件著作权 870 项。美亚柏科被认定为“国家高新技术企业”“国家规划布局内重点软件企业”“国家创新型试点企业”“国家知识产权示范企业”“国家企业技术中心”。

（二）发展策略

巩固主营业务市场，加强新赛道业务拓展。美亚柏科积极拓宽升级主营业务，将业务领域由传统的电子数据取证拓展至大数据、人工智能、智慧城市、智能装备制造等其他领域，进一步打开公司未来成长空间。公司新设立新型智慧城市事业部，与国投智能、中国电子工程设计院三方联合成立国投智慧城市创新研究院，提升顶层规划能力；与厦门大数据有限公司合资设立厦门城市大脑建设运营有限公司，加速推动商业模式落地。分产品来看，2021 年，大数据智能化产品实现收入 9.75 亿元，同比下降 10.19%；网络开源情报产品实现收入 0.80 亿元，同比增长 38.12%；智能装备制造实现收入 0.36 亿元；支撑服务实现收入 0.62 亿元。

加大研发投入，保持产品先进性。2021 年，公司在大数据智能化、网络空间安全及新型智慧城市等领域持续加大研发投入，全年研发投入金额为 5.40 亿元，同比增长 22.95%，研发投入的营收占比达 21.30%。

聚焦网络空间安全，持续推动业务增长。公司网络空间安全核心产品为电子数据取证、网络安全大数据、零信任安全防护等相关产品。2021 年，网络空间安全产品实现收入 13.81 亿元，同比增长 22.65%，网络空间安全业务快速增长。公司提出“长城计划”，落地国内首个自主可控的网络安全大数据平台并实现异地复制，推出“天盾”零信任数据防护平台，持续推进产品创新与市场拓展。2021 年，公司将大数据研判能力、零信任安全理念、全证据链电子数据取证和研判分析能力持续融入电子数据取证产品研发，对新型手机、智能汽车、物联设备的取证支持率持续提升。

强化区县下沉，提升区县覆盖率。开展“星火”“捷豹”“雷霆”“双百”等营销专项行动，在巩固原有主要业务市场的同时，持续拓展新区域市场。2021 年，公司区县市场新签订单金额约 4.9 亿元，同比增长超过 60%；刑侦、企业等细分新行业的销售订单较上年同期均保持较好增长。

第二节　长亮科技

（一）发展情况

深圳市长亮科技股份有限公司（简称长亮科技）是全球金融科技解决方案服务商，成立于 2002 年，主要为金融机构提供核心业务、互联网金融业务、数据业务和管理业务等整体化金融 IT 解决方案，已成功为国内多家银行建设了自主可控的银行核心系统。长亮科技总部位于深圳，拥有员工 5000 余人，足迹遍布北上广深、杭州、香港、马来西亚、印度尼西亚、泰国等地，已覆盖银行、基金、证券、泛金融等多行业。长亮科技获得“国家高新技术企业”“中国软件和信息技术服务竞争力百强企业”“中国金融行业十大信息技术服务龙头企业”“电子信息行业‘一带一路’项目优秀企业”等荣誉，荣登“2020 福布斯中国最具创新力企业榜 TOP50”。

（二）发展策略

加强业务合作，推出分布式核心系统。2021 年 9 月 23 日，长亮科技与华为合作发布分布式新核心联合解决方案。基于华为 Gauss 分布式数据库、TaiShan 服务器、鲲鹏芯片等软硬件系统，结合长亮科技在银行核心业务系统多年的理解和服务能力，打造出全新的核心业务系统解决方案，不断提升产品性能与服务质量，助力金融业数字化转型。

打造标杆项目，拓展大数据业务布局。长亮科技大数据业务范围涉及数据后台、数据中台、数据应用及数据资产管理等全领域内容，已基于大数据核心功能组件自主研发了数据仓库、统一数据服务平台、数据资产管理平台等多个领先的大数据产品。长亮科技采用“微服务+分布式”架构，全面铺开公司分布式银行核心系统 V8 案例。2021 年上半年，长亮科技大数据业务销售合同签订金额增长迅猛，较上年同期增幅超过 80%。长亮科技已与 3 家政策性银行、6 家国有大型商业银行中的 8 家及全部全国性股份制银行展开合作，与 48 家资产规模达 5000 亿元以上的城商行及农商行中的 41 家展开合作，对所有资产规模达 5000 亿元以上的客户的覆盖率已超过 85%，大行业务拓展取得了显著成效。同时，公司将大数据业务拓展至证券、财务公司等领域，市场占有率正不断扩大。

持续推进国际化布局，进一步拓展业务空间。持续推进国际化，海外业务恢复高速增长。2021 年上半年，长亮科技境外收入 0.57 亿元，同比增长 135.4%，海外业务的销售合同金额同比增幅超过 85%。2021 年 4 月，公司帮助马来西亚进出口银行将其传统的供应商融资系统转换为具有直通式处理和无缝控制的自动化系统。此外，公司持续为新加坡某大型商业银行提供外汇数字化服务。

第三节　广联达

（一）发展情况

广联达科技股份有限公司（简称广联达）是数字建筑平台服务商，围绕工程项目的全生命周期，为客户提供数字化软硬件产品、解决方案及相关服务。公司业务覆盖设计、造价、施工、运维、供采、园区，以及金融、高校、投资并购等领域，涵盖工具软件、解决方案、大数据服务、移动App、云计算服务、智能硬件设备、产业金融服务等多种业务形态。公司客户群覆盖政府、行业主管部门、开发商、业主方、咨询公司、施工企业、院校、产业供应商等。广联达拥有员工8000余人，在全球100多个国家和地区建立了80余家分、子公司，累计为行业31万家企业提供专业化服务。

（二）发展策略

云业务完成全国覆盖，持续深化造价云转型。数字造价是公司成熟业务，竞争优势明显。2021年，公司数字造价业务云转型已实现全国覆盖，营收同比增长37%，新转型区域转化率和老转型区域续费率实现了双提升。公司新签云合同31亿元，同比增长38.77%。通过云转型，公司将在商业模式、迭代升级、盗版转化等多角度得到改善。2022年，公司将全面启动业务从造价线向成本线的转型，成本数字化解决方案和成本项目管理平台快速打造样板客户，并拓展基建领域造价产品，助力数字造价业务在“提价+增量”双路径上走得更快、更远。

搭建“平台+组件”的产品体系，拓展数字施工千亿级蓝海市场。公司针对施工业务数字化这一建筑业数字化核心难点问题，形成了“平台+组件”较为完整的数字施工产品体系，覆盖企业级、项目级、岗位级3层和商务、技术、生产各业务线，主要包括项目端的BIM+智慧工地系列产品，以及面向施工企业层级的项企一体化产品。2021年，公司数字施工业务营收同比增长28%，新签订单高速增长。公司数字项目集成管理平台初步形成，截至2021年底，数字施工项目级产品累计服务项目数突破5.5万个，累计服务客户超过5000家；2021年当年新增项目数1.6万个，新增客户1600家。公司基于施工数字化方面的完整产品体系，加速数字项目集成管理平台的迭代升级，实现了客户覆盖率和渗透率双提升，并能够快速不断地调整策略，依托施工业务引领公司第二增长曲线，进一步夯实公司数字建筑平台服务商的地位。

全面整合数字设计业务，深化“自研+并购”双线布局。在设计施工一体化发展趋势下，数据全流程贯通、前置模拟需求高增，数据设计的重要性更加凸显。对此，有机构预计，2026 年我国设计软件潜在市场规模为 300 亿元。我国设计软件市场基本被国外厂商所垄断，在国产化和正版化的驱动下，行业需求有望持续释放。对此，公司在数字设计业务上以“自研+并购”模式实施业务布局，完成与鸿业科技的全面整合，并在 2021 年正式发布自主研发的数维建筑设计软件，以三维正向设计解决方案 BIMSpace 和 Civil 市政设计产品集为主，加大营销力度，实现数字设计业务营收 1.31 亿元，同比增长 250.12%，数维建筑设计产品公测版装机量超过 1700 个。公司通过持续研发包含建筑、结构、机电、构件和协同产品的数维设计产品集，并加速客户应用迭代，进一步完善全专业和全过程的一体化设计解决方案，着力打造第三成长曲线。

第三十二章

人工智能企业

第一节　百度

（一）发展情况

百度公司（简称百度）成立于 2000 年 1 月，逐渐从以搜索引擎、知识、信息为中心的互联网平台向拥有强大互联网基础的领先 AI 公司转型。百度已连续十余年在 AI 领域的研发投入占收入比例超过 15%，逐步形成了飞桨、智能交通、自研芯片等软硬件优势，并从核心技术、开放开源平台、算力底座三大层面打造自己的 AI 大生产平台，曾入选全球四大 AI 巨头，连续 3 年国内 AI 专利申请量排名第一，并获得多项国家级重要奖项。

（二）发展策略

从技术、平台、算力方面打造全栈式 AI 生态。在技术方面，百度大脑的知识增强大模型文心是全球首个知识增强的千亿级大模型，也是全球最大的中文单体预训练语言模型。在开源开放平台方面，百度拥有超过 406 万开发者的产业级深度学习平台百度飞桨，已服务 15.7 万家企事业单位，在工业互联网、智慧城市、公益等诸多领域都有广泛的应用，是中国最大的开源开发框架。在算力底座方面，百度重点考虑了自主研发的 AI 芯片、高性能的计算架构及绿色低耗的数据中心，通用 AI 芯片昆仑、AI 异构计算平台百舸等是百度 AI 发展强有力的技术支撑。

AI 新基建与产业智能化。在新一轮科技革命中，百度 AI 正在赋能各行各业，促进产业智能化升级，推动智能经济发展。百度 AI 的产业智能化基于百度大脑 AI 大生产平台，一方面支撑百度业务高质量成长，另一方面通过百度 AI To B 的重要承载者和输出者百度智能云，为各行各业大规模输送百度的 AI 技术成果与平台能力。根据 IDC 数据，截至 2021 年上半年，百度智能云 AI 公有云服务在中国市场中已连续 5 次占比第一。同时，百度凭借在自动驾驶领域的研发积累，拓展了智慧交通、智能驾驶、自动驾驶服务等场景，这些场景和百度智能云形成了生态效应，也受到了资本市场的认可。

第二节　科大讯飞

（一）发展情况

科大讯飞股份有限公司（简称科大讯飞）的前身是安徽中科大讯飞信息技术有限公司，成立于 1999 年，主营业务为人工智能技术研究、软件及芯片产品开发、语音信息服务等。科大讯飞两次荣获“国家科技进步奖”及中国信息产业自主创新荣誉“信息产业重大技术发明奖”，牵头制定中文语音技术标准。科大讯飞还获得首批“国家新一代人工智能开放创新平台”、我国唯一的“认知智能国家重点实验室”、“语音及语言信息处理国家工程研究中心”、“国家 863 计划成果产业化基地”、“国家智能语音高新技术产业化基地”、“国家规划布局内重点软件企业”、“国家高技术产业化示范工程”等荣誉。截至 2022 年 5 月 31 日，讯飞开放平台已开放 493 项 AI 产品及能力，聚集超过 337.3 万个开发者团队，总应用数超过 150.1 万，累计覆盖终端设备数超过 35.1 亿，AI 大学堂学员总量达到 69.9 万，连接超过 420 万个生态伙伴，以科大讯飞为中心的人工智能产业生态持续构建。

（二）发展策略

引领源头技术突破融合，推动系统创新。科大讯飞在深度学习的大框架下，以 AI 技术为基石，通过“平台+赛道”市场战略，凭借“算法和数据”核心技术优势，在 C 端、B 端和 G 端的 AI 领域实现了多语种技术快速突破，技术和产业护城河日益加深。得益于不断地系统创新和技术持续领先，科大讯飞 2021 年在 NIST 多语种识别比赛中一举拿下 22 项世界第一。2021 年 10 月，科大讯飞发布“开放平台 2.0 战略”，平台参与者由“科大讯飞+开发者”转变为“科大讯飞+行业龙头+开发者”，进一步强化系统性创新底层能力。

面向产业数字化深度挖掘行业应用价值。讯飞开放平台重点赋能金融、农业、能源等 18 个行业领域，为产业提供丰富的智能语音及人工智能服务和解决方案。除此之外，科大讯飞在智慧汽车、智慧医疗、智慧金融等领域同样表现出蓬勃发展的势头。例如，科大讯飞助力安徽建设江淮大数据中心总平台，目前已完成接入 16 个地市，交换 1 万亿条数据，共享调用国家部委接口数据在全国排名前三。与此同时，科大讯飞“城市超脑”业务已应用于安徽铜陵、宣城、芜湖、合肥、滁州等地，并在天津、吉林长春、河南漯河、陕西铜川、内蒙古乌海等全国市场落地，形成良好应用示范。

第三节　阿里巴巴

（一）发展情况

阿里巴巴集团控股有限公司（简称阿里巴巴集团或阿里巴巴）成立于 1999 年，总部位于浙江杭州。目前，阿里巴巴拥有飞天 AI 平台、阿里云、前沿技术研究机构达摩院和人工智能治理与可持续发展实验室，不仅拥有图像视觉、语音交互、自然语言理解、决策智能等全栈 AI 技术，还在云技术、量子计算、图像搜索与识别技术等方向拥有行业领先的实力。根据 IDC 2021 年数据，阿里巴巴已成为视觉 AI 亚太地区市场的主要厂商。阿里 AI（阿里灵杰）依托阿里巴巴领先的云基础设施、大数据和 AI 工程能力、场景算法技术和多年行业实践，一站式地为企业和开发者提供云原生的 AI 能力体系，帮助提升 AI 应用开发效率，促进 AI 在产业中规模化落地，激发业务价值。

（二）发展策略

在技术层面重点布局定位。目前，以达摩院机器智能实验室为主导，阿里巴巴建成了完善的机器智能算法体系，取得了众多世界领先的技术成果，并将 AI 的应用落地推广到工业、医疗、物流、遥感、城市大脑等丰富场景中。2021 年，阿里巴巴又宣布成立人工智能治理与可持续发展实验室。截至目前，实验室已有上百名高水平的算法工程师，致力于用人工智能技术解决各种业务场景中的风险防范问题，研究人工智能本身的安全性、透明度和公平性等问题。

在生态层面重点布局产业。阿里巴巴凭借电商、支付和云服务资源优势与人工智能技术深度融合，以阿里云为基础，从家居、零售、汽车、金融、智能城市、智能工业六大方面展开产业布局。在 2021 世界人工智能大会期间，阿里云首次发布产业智能的核心技术体系。阿里云产业智能的核心技术体系是基于数据开发和智能引擎两大平台，构建与行业知识深度耦合的一站式解决方案。

第四节　云从科技

（一）发展情况

云从科技集团股份有限公司（简称云从科技）成立于 2015 年，总部位于广州，业务涵盖智慧金融、智慧治理、智慧出行、智慧商业等领域，为客户提供个性化、场景化、行业化的智能服务，重点开展人脸识别技术、人群监测技术等科研成果的转化。云从科技是首个同时承建三大国家平台，并参与国家及行业人工智能产品标准制定的企业。依托全球领先的人机协同操作系统，云从科技将感知、认知、决策的核心技术闭环运用于跨场景、跨行业的智慧解决方案，全面提升生产效率和品质，让 AI 真正造福于人，助推国家从数字化到智慧化转型升级。云从科技的核心技术先后 13 次斩获国际智能感知领域桂冠及 158 次行业 POC 冠军。

（二）发展策略

不断深耕核心算法，实现技术突破。云从科技拥有自主可控并不断创新的人机协同核心技术，在技术方向上覆盖图像识别、语音识别、自然语言处理和机器学习全领域，已构建了 100 余项从感知到认知再到决策的技术闭环。公司打造的人机协同操作系统围绕“人机交互、人机融合、人机共创”的人机协同理念，实现“多模态数据感知、多领域知识推理、人机共融共创、数据安全共享”四大核心技术突破，促进人工智能基础设施、算法、产业应用的协同发展。

促进技术落地，深化应用实践。云从科技在金融、交通、商业、城市管理等多个领域逐步落地应用并日趋成熟。其中，在智慧金融领域，云从科技覆盖了包括六大国有银行在内的 100 家金融机构；在智慧治理领域，云从科技服务于全国 30 个省级行政区政法、学校、景区等多类型应用场景；在智慧出行领域，云从科技已在包括中国 10 座大型机场在内的上百座民用枢纽机场部署上线；在智慧城市领域，云从科技则在广州、四川、湖南等多地建设“数字底座”标杆项目。2021 年以来，云从科技与成都天府新区合作，共同建设天府新区数字城市项目。依托人机协同操作系统，双方在数字孪生底座、智慧城市规划、智慧政务、智慧防汛等方面着手建设，打造智慧化管理数字孪生系统“天府大脑”。此项目获得“宜居和包容大奖”中国区决赛冠军并入选“中国数字经济产业示范样本 50”。此外，云从科技与华为昇腾联手打造的以 AI 为核心的“隔离酒店精准管控系统”已陆续在广州的十余家隔离场所使用，管控房间近 2000 个，累计服务隔离人员达 16000 人，替代数十万次医护房间现场巡查工作。

第三十三章

开源软件企业

开源发展已成大势，国内企业参与开源生态的建设如火如荼。以阿里巴巴、华为、腾讯、百度等著名大企业为代表的国内信息技术企业在开源社区、顶级项目中的参与度和贡献度进一步提升。当前，阿里巴巴仍然是我国开源活跃度最高的开源企业；而华为则是国内乃至全球范围内最重要的开源生态建设者；中兴通讯、小米、360、百度、腾讯等企业也正在逐步加大对全球开源世界的贡献量，力图获取更多的产业发展要素和国际话语权。

第一节　华为

（一）发展情况

华为是我国最大的民营通信科技公司，其主营业务是通信设备的销售和相关行业解决方案。在 2021 年《财富》评选的世界 500 强企业中，华为排名上升至第 44 位。《2021 年中国软件业务收入前百家企业发展报告》显示，华为再次蝉联中国软件业务收入前百家企业首位。近年来，华为积极参与国际大型开源项目，成为 Linux Kernel 5.10 代码贡献排名第一、Kubernetes 代码贡献量亚洲排名第一的企业。

（二）发展策略

深耕基础软件开源开发。依托 30 多年 ICT 积累，华为在开源领域深耕基础软件，积极拥抱开源软件开发的巨大优势，秉持“源于开源，强于开源，回馈开源”的理念，携手生态伙伴、开发者，共同构建基础软件生态体系，夯实数字基础设施的生态底座，加速推动千行百业数字化进程，在全球开源社区中发挥着积极的作用，成为全球开源软件价值体系中的关键力量。华为围绕操作系统、数据库、AI 框架等技术，建设了 openEuler、openGauss 和 MindSpore 三大开源社区，如今已初具规模，充满活力。

全力推进开源文化和人才培育。华为与中国教育部合作，共同建设“智能基座”产教融合协同育人基地，如今已经与 72 所高校开展合作，累计开设 1000 多门课程，培养了 1500 多名教师，计划 5 年培养 300 万名高校开发者。此外，为更好地汇聚产业创新力量，华为联合北京、广州、深圳、成都、武汉、南京全国六大城市，协同 8 家操作系统伙伴共同启动首批“欧拉生态创新中心”，以覆盖服务器、云计算、边缘计算、嵌入式等全场景的能力优势，提供生态适配、人才培养、联合创新、产业聚集、社区共建五大类生态服务，助力区域产业数字化转型，推动区域数字经济发展。

深度参与国际开源生态建设。华为是全球主流开源产业组织的积极参与者和支持者，目前是 Apache 软件基金会、Eclipse 基金会、Linux 基金会、开放原子开源基金会、OIF 基金会等数十个国际开源基金会的顶级成员或初创成员，并服务数十个董事席位，以及数百个 TSC、PMC、PTL、Maintainer、Core Committer 席位。2021 年 4 月，华为开源云原生多云容器编排项目 Karmada 并捐赠给云原生计算基金会（CNCF），此外华为联合鹏城实验室开源 2000 亿参数中文预训练模型“盘古 α”，形成了国产自主可控的通用超大规模分布式训练基座及相关核心技术。2021 年 11 月，华为将欧拉操作系统项目捐赠给开放原子开源基金会。目前，欧拉社区有近万名社区开发者和 330 多家合作伙伴，范围覆盖全产业链，包括芯片、整机、应用软件厂商等。欧拉操作系统已经有累计超过 130 万套的使用量，已经规模化应用在政府、运营商、金融、能源、交通、互联网等行业。根据《中国服务器操作系统市场研究报告》，2021 年欧拉操作系统在政府、运营商行业实现新增市场份额第一，在金融行业实现市场增速第一。

第二节　阿里巴巴

（一）发展情况

阿里巴巴旨在助力商家、品牌、零售商及其他企业变革营销、销售和经营的方式，并借助新技术的力量与用户和客户进行互动以提升经营效率。阿里巴巴不断成长，成为一个涵盖中国商业、国际商业、本地生活服务、菜鸟、云业务、数字媒体及娱乐、创新业务及其他的生态体系。在 2021 年《财富》评选的世界 500 强企业中，阿里巴巴的收入约为 1058.66 亿美元，排名上升至第 63 位。

（二）发展策略

自从 2011 年宣布第一波开源项目以来，阿里巴巴一直积极参与开源社区共建，至今已累计对外开源 3000 多个项目，覆盖大数据、云原生、AI、数据库、中间件、硬件等多个领域。GitHub 数据统计显示，2021 年阿里巴巴入选的项目数达到 387 个，收获 GitHub Star 值 586317 个，位列全球第五及中国第一。

早期积极利用开源软件发展自身业务。阿里巴巴技术体系开始涉足开源生态，可以追溯到淘系业务的搭建，到今天阿里云上面向企业提供的 INS 和 Caffe 服务，阿里巴巴技术的底层系统借鉴了非常多的开源项目，从服务器到大数据及最新的人工智能应用。通过早期对开源项目的吸纳与借鉴，阿里巴巴快速搭建起了自身的业务系统。

基于自身业务需求发展开源新项目。阿里巴巴在将开源应用与自身业务流程整合的过程中，还发现了非常多的具体项目和方案是开源项目中尚未涉及和推出的。于是，阿里巴巴基于自身业务需求在开源项目中不断改进和设计，并将这些结果推而广之，再反哺到开源社区中，反过来成为开源社区的积极贡献者，不断推动开源生态发展。

深度参与国内外开源生态建设。阿里巴巴深度参与国内外顶级开源基金会及组织，包括 Linux 基金会、CNCF、Apache 软件基金会、开放容器组织（OCI）、MariaDB 基金会、Eclipse 基金会、RISC-V 基金会、开放原子开源基金会等，是 Linux、MySQL、Redis、JVM、Kubernetes、Containerd、Apache Flink、Envoy 等知名开源项目的核心贡献者和维护者。

2021 年，阿里巴巴以战略方式推进开源文化以形成产业合力，充分彰显了自身的技术势力与拥抱开源的积极态度。2021 年，阿里巴巴分别开源了深度语言模型体系 AliceMind、玄铁 RISC-V 系列处理器及系列工具和系统软件、大规模稀疏模型训练引擎 DeepRec、多模态向量检索引擎 Proxima 等，并将龙蜥操作系统捐赠给开放原子开源基金会。目前，龙蜥社区已有 17 家理事单位、200 多家生态企业，囊括了主流的行业龙头企业，也实现了产业链类型全覆盖。

第三节 恒拓开源

（一）发展情况

恒拓开源信息科技股份有限公司（简称恒拓开源）由首位华人世界级开源技术奖获得者于2007年创办，是国内第一家以开源技术进行企业服务的高新技术公司。公司主要为航空公司、机场及民航保障企业提供安全、自主、可控的软件服务及整体解决方案，已经成为保障我国民航业安全运行的核心软件供应商之一，同时也是Sabre、Jeppesen等国外软件厂商在我国民航信息化安全领域的可靠替代者。2021年，恒拓开源作为首批挂牌精选层的企业之一在北京证券交易所上市。

（二）发展策略

秉承开源技术底蕴，积极开展创新活动。2021年，恒拓开源成立了专门的创新产品部门，加大对产品创新及知识产权的工作力度，并和百度重点联合推出民航智慧客服云平台。恒拓开源进一步推进公司的国产自主可控替代计划，助力构建安全可控的信息技术体系。恒拓开源已成为百度、阿里巴巴、腾讯和华为的合作伙伴，未来将通过从航空行业中台到航空专属云的建设，帮助本土民航业彻底完成数字化转型。

聚焦航空主业，拓展系统集成及运维服务。公司形成了以民航信息化为核心领域，向其他行业拓展，以非航空板块为未来发展方向的战略布局。作为以民航信息化为特色的软件开发及IT服务供应商，恒拓开源深耕民航业务领域十余年，在技术层面具有专业领先性和创新性，是保障我国民航业安全运行的核心软件供应商之一。目前，公司开发的IT系统每日可为国内49家运输航空公司的超过1.2万架次的航班提供运行控制及保障服务，约占国内航空公司日航班总量的90%。除在民航领域的深厚积累外，恒拓开源还将业务拓展到政务、电信、汽车、制造及医药健康等众多行业领域，并积累了税务局、长安汽车、联想、美的、华润三九、欧派家居等优质客户，为其定制了超过40种行业及通用解决方案，成功实施了1000余个项目。

政　策　篇

第三十四章

《“十四五”软件和信息技术服务业发展规划》

第一节　政策背景

软件是新一代信息技术的灵魂，是数字经济发展的基础，是制造强国、网络强国、数字中国建设的关键支撑。软件拓展了数字化发展的新空间，驱动新一代信息技术迭代创新，作为信息技术关键载体和产业融合的关键纽带，发展软件和信息技术服务业对于加快建设现代产业体系具有重要意义。“十四五”时期是我国开启全面建设社会主义现代化国家新征程的第一个五年，在全球新一轮科技革命和产业变革的新发展态势下，软件和信息技术服务业迎来新的发展机遇。为贯彻落实国家软件发展战略和《关于深化新一代信息技术与制造业融合发展的指导意见》等部署，按照《中华人民共和国国民经济和社会发展第十四个五年规划和 2035 年远景目标纲要》总体要求，编制《“十四五”软件和信息技术服务业发展规划》(以下简称《规划》)。

第二节　主要内容

《规划》总共包括 5 个部分，设置了 5 项主要任务、8 个专项行动、5 项保障措施。其中，围绕软件产业链、产业基础、创新能力、需求牵引、产业生态部署 5 项主要任务。为保障《规划》的各项任务顺利推进，《规划》设置了关键基础软件补短板、新兴平台软件锻长板、信息技术服务应用示范、产业基础能力提升、“软件定义”创新应用培育、工业技术软件化推广、开源生态培育和软件产业高水平集聚 8 个专项行动，以及健全组织实施机制、加大财政金融支持、打造一流人才队伍、强化安全服务保障、深化国际开放合作 5 项保障措施。

《规划》在回顾了“十三五”时期软件和信息技术服务业发展成果的基础上，提出了至 2025 年的“四新”发展目标。一是产业基础实现新提升。预计在“十四五”时期制定 125 项重点领域国家标准，在软件内核、开发框架等软件基础组件供给方面取得重大突破。二是产业链达到新水平。着力提升基础软件、工业软件等存在短板的关键软件供给能力，充分发挥关键软件在制造业数字化转型中的重要作用，目标是至 2025 年工业 App 突破 100 万个。三是生态培育获得新发展。在继续培育软件产业骨干企业的基础上，开源社区、软件名园成为“十四五”时期软件产业生态发展的重要支撑。四是产业发展取得新成效。到 2025 年，规模以上企业软件业务收入突破 14 万亿元，年均增长 12%以上，全面提升软件产业规模实力，合理安排产业结构。

《规划》明确了主要任务。一是推动软件产业链升级。在软件产业链方面，加速“补短板、锻长板、优服务”，夯实强化产业链上游基础软件的开发环境、工具等软件实力，提升产业链中游如工业软件、应用软件、平台软件、嵌入式软件等的软件水平，增加产业链下游信息技术服务产品供给，全面提升软件产业链现代化水平。在基础软件方面，推动操作系统、数据库、中间件等国产软件的研发及应用推广；在工业软件方面，研发推广计算机辅助设计、仿真、计算等工具软件，面向数控机床、集成电路、航空航天装备、船舶等重大技术装备及新能源和智能网联汽车等重点领域需求，发展行业专用工业软件，全面提升产业数字化能力；在应用软件方面，面向金融、建筑、能源、交通等重点行业领域应用需求，加快实现数字金融、智慧能源管理、智能交通管理、智能办公等应用软件；在新兴平台软件方面，围绕云计算、大数据、人工智能、5G、区块链、工业互联网等重点数字经济领域培育产品，加快第六代移动通信（6G）、量子信息、卫星互联网、类脑智能等前沿领域软件技术研发；《规划》还在嵌入式软件、信息技术服务等方面提出了展望。《规划》一方面对产业链上中下游相关软件研发、创新提出了新要求，另一方面基于我国产业数字化场景，对制造业、建筑业、交通运输业、金融服务业等多个产业软件应用谋篇布局。二是提升产业基础保障水平。《规划》强调了产业发展基础的共性技术、基础资源库、基础组件等，强化质量标准、价值评估、知识产权等基础保障能力，推动资源开放共享，保证软件开发基础夯实，并以质量标准、知识产权保护保障软件高质量发展。三是强化产业创新发展能力。《规划》提出了以产学研用协同创新的创新联动体系，围绕创新模式、创新平台、创新机制、创新运营服务等多个方面壮大创新力量。四是激发数字化发展新需求。《规划》提出了将软件与生产、分配、流通、消费各环节深度融合，加快推进数字化发展，全面推进软件重大应用，重点支撑制造业数字化转型，在普惠金融、物流、交通、建筑、农业、智慧城市等数字化重点领域发挥作用，扩大升级信息消费领域。五是完善协同共享产业生态。《规划》在培育壮大市场主体、加快繁荣开源生态、提高产业集聚水平等方面提出了新要求，着力在“十四五”时期形成多元、开放、共赢、可持续的产业生态。

《规划》在关键软件、开源生态、产业融合方面提出了新的要求。一方面，明确了“十四五”时期关键软件在产业中的重要地位，关键软件成为制约中国产业升级和软件产业高质量发展的障碍，我国仍面对“卡脖子”难题，在“十四五”时期，要着重推进关键软件发展，推动国产应用创新发展，构建国产软件生态；另一方面，“十四五”时期对软件开源生态提出了新要求，从培育开源项目、进一步加强开源社区建设、提升开源治理能力多方入手，营造软件开源良好生态。

第三十五章

《“十四五”信息化和工业化深度融合发展规划》

第一节　政策背景

当今世界正经历百年未有之大变局，国内发展环境经历深刻变化，新一代信息技术加速在制造业全要素、全产业链、全价值链渗透融合，持续引发技术经济模式、生产制造方式、产业组织形态的根本性变革。大力推进信息化和工业化深度融合，推动新一代信息技术对产业全方位、全角度、全链条的改造创新，激发数据对经济发展的放大、叠加、倍增作用，持续深化信息化与工业化融合发展是党中央、国务院做出的重大战略部署，对于新时期推动产业数字化和数字产业化，统筹推进制造强国与网络强国建设，具有重要战略意义。为深入贯彻落实党中央、国务院关于深化新一代信息技术与制造业融合发展的决策部署，持续做好两化深度融合这篇大文章，根据《中华人民共和国国民经济和社会发展第十四个五年规划和 2035 年远景目标纲要》，编制《“十四五”信息化和工业化深度融合发展规划》(以下简称《规划》)。

第二节　主要内容

《规划》明确提出了“十四五”时期两化融合发展的总体目标。到 2025 年，信息化和工业化在更广范围、更深程度、更高水平上实现融合发展，新一代信息技术向制造业各领域加速渗透，范围显著扩展、程度持续深化、质量大幅提升，制造业数字化转型步伐明显加快。以“全国两化融合发展指数”反映两化深度融合发展实际成效，《规划》提出了到 2025 年，全国两化融合发展指数达到 105，相较于 2020 年提高约 20。

《规划》在总体目标基础上提出了 5 个分目标。一是新模式新业态广泛普及。企业形态加速向扁平化、平台化、生态化转变，企业经营管理数字化普及率达 80%。平台化设计得到规模化推广，数字化研发设计工具普及率达 85%。网络化、智能化、个性化生产方式在重点领域得到深度应用，关键工序数控化率达 68%。二是产业数字化转型成效显著。持续提高数字化、网络化、智能化整体水平，加快原材料、装备制造、消费品、电子信息、绿色制造、安全生产等重点行业领域数字化转型。三是融合支撑体系持续完善。新型信息基础设施建设提档升级，数字化技术快速进步，工业大数据产业蓬勃发展，工业互联网应用成效进一步显现，两化融合标准体系持续完善，产业基础迈向高级化。四是企业融合发展活力全面激发。工业互联网平台普及率达 45%，系统解决方案服务能力明显增强，形成平台企业赋能、大中小企业融通发展新格局。五是融合生态体系繁荣发展。制造业“双创”体系持续完善，产业链供应链数字化水平持续提升，带动产业链、创新链、人才链、价值链加速融合，涌现出一批数字化水平较高的产业集群，融合发展生态快速形成。围绕构建制造业“双创体系”、生产模式、智能装备、产品自主创新能力、基础设施建设等方面的要求，在制造业数字化转型中提出了更加细致、明确的目标，强化了软件及信息技术在制造业领域的深刻融入。

《规划》提出了“76441”的 5 项主要任务，即培育融合发展“7 个模式”、探索“6 个行业领域”融合路径、夯实“4 个基础”、激发“4 类企业”活力、培育“1 个跨界融合生态”。5 项主要任务具体来说：一是培育新产品新模式新业态，二是推进行业领域数字化转型，三是筑牢融合发展新基础，四是激发企业主体新活力，五是培育跨界融合新生态。

第三十六章

《“十四五”大数据产业发展规划》

第一节　政策背景

数据是新时代重要的生产要素，是国家基础性战略资源。大数据具备“容量大、类型多、速度快、精度准、价值高”的主要特征，作为推动数字经济发展的重要动力，大数据产业以数据生成、采集、存储、加工、分析、服务为主，以数据要素激活产业活力。“十四五”时期是我国工业经济向数字经济迈进的关键时期，对大数据产业发展提出了新的要求，产业将步入集成创新、快速发展、深度应用、结构优化的新阶段。为推动我国大数据产业高质量发展，按照《中华人民共和国国民经济和社会发展第十四个五年规划和2035年远景目标纲要》总体部署，编制《“十四五”大数据产业发展规划》（以下简称《规划》）。

第二节　主要内容

《规划》明确了“十四五”时期大数据产业发展的总体目标。到2025年，大数据产业测算规模突破3万亿元，年均复合增长率保持在25%左右，创新力强、附加值高、自主可控的现代化大数据产业体系基本形成。数据要素价值评估体系初步建立，培育一批较成熟的交易平台，市场机制基本形成。关键核心技术取得突破，形成一批优质大数据开源项目，存储、计算、传输等基础设施达到国际先进水平。数据采集、标注、存储、传输、管理、应用、安全等全生命周期产业体系统筹发展，与创新链、价值链深度融合，新模式新业态不断涌现。社会对大数据认知水平不断提升，企业数据管理能力显著增强，形成具有国际影响力的数字产业集群。

《规划》明确了 6 项重点任务。一是加快培育数据要素市场。建立数据要素价值体系，在互联网、金融、通信、能源等数据管理基础好的领域率先试点；健全数据要素市场规则，培育大数据交易市场，提高应急管理、疫情防控、资源调配等紧急状态下的数据要素高效协同配置能力；提升数据要素配置作用，发挥数据要素在连接创新、激活资金、培育人才等的倍增作用，培育数据驱动的产融合作、协同创新等新模式。二是发挥大数据特性优势。以数据“大体量、多样性、时效性、高质量、高价值”特征为基础，充分发挥数据在产业高质量发展中的作用。三是夯实产业发展基础。完善新一代通信网络、工业互联网、车联网、智能管网、智能电网等布局，加快构建全国一体化大数据中心体系，建设若干国家枢纽节点、大数据中心集群和高性能计算集群；加强技术创新，补齐关键技术短板，强化自主创新生态建设，推动大数据与人工智能、区块链、边缘计算、量子信息等前沿领域技术集成创新；强化标准引领作用，加快技术研发、产品服务、数据治理、交易流通、行业应用等关键标准的制修订。四是构建稳定高效产业链。从产品链、服务链、价值链三大维度部署了提升供给能力的重点任务，即打造高端产品链、创新优质服务链、优化工业价值链、延伸行业价值链，并通过两个专项行动进一步明确了任务落地实施的主攻方向。五是打造繁荣有序产业生态。充分发挥企业主体在大数据产业中的作用，推动大中小企业融通发展和产业链上下游协同创新，持续发挥企业创新活力；优化大数据公共服务，促进产学研用多方参与者协同创新发展，促进技术成果产业化，提升人才培育、供需对接、创业孵化等服务水平；此外，推动产业集群化发展，推动大数据领域产业示范基地高水平建设，鼓励有条件的地方依托国家级新区、经济特区、自贸区等提升产业集群辐射带动能力，支持举办产业论坛、行业大赛等活动，营造良好的产业发展氛围。六是筑牢数据安全保障防线。在数据急速增长的新时代，数据安全、隐私保护等挑战日趋严峻，完善数据安全保障体系、推动数据安全产业发展成为大数据产业急需解决的问题。

第三十七章

《新型数据中心发展三年行动计划（2021—2023 年）》

第一节 政策背景

新型数据中心是以支撑经济社会数字化转型、智能升级、融合创新为导向，以 5G、工业互联网、云计算、人工智能等应用需求为牵引，汇聚多元数据资源、运用绿色低碳技术、具备安全可靠能力、提供高效算力服务、赋能千行百业应用的新型基础设施，具有高技术、高算力、高能效、高安全特征。

当前，我国数据中心还面临布局建设不优、算力算效不足、能源利用不充分、技术水平不高等问题。从长期来看，我国数据中心（特别是超大型数据中心）供给不足，迫切需要引导传统数据中心向具备高技术、高算力、高能效、高安全特征的新型数据中心演进。在上述背景下，工业和信息化部出台《新型数据中心发展三年行动计划（2021—2023 年）》（以下简称《行动计划》），切实贯彻落实国家战略部署，统筹引导新型数据中心建设，推动解决现阶段短板问题，打造数据中心高质量发展新格局，构建以新型数据中心为核心的智能算力生态体系。

第二节 主要内容

《行动计划》明确提出了用 3 年时间，基本形成布局合理、技术先进、绿色低碳、算力规模与数字经济增长相适应的新型数据中心发展格局。总体布局持续优化，全国一体化算力网络国家枢纽节点、省内数据中心、边缘数据中心梯次布局。技术能力明显提升，产业链不断完善，国际竞争力稳步增强。算力算效水平显著提升，网络质量明显优化，数网、数云、云边协同发展。能效水平稳步提升，电能利用效率（PUE）逐步降低，可再生能源利用率逐步提高。《行动计划》分别提出了 2021 年及 2023 年全国数据中心高质量发展的目标：以新型数据中心利用率、算力规模、能效水平、网络时延等指标为衡量依据，最终建立“四高三协同”的全国数据中心网络，实现高能效、高技术、高安全、高算力、数云协同、云边协同、数网协同。

《行动计划》以“统筹协调，均衡有序；需求牵引，深化协同；分类引导，互促互补；创新驱动，产业升级；绿色低碳，安全可靠”为 5 项基本原则，提出了 6 项重点任务，包括 20 项分任务。6 项重点任务：一是新型数据中心建设布局优化行动，二是网络质量升级行动，三是算力提升赋能行动，四是产业链稳固增强行动，五是绿色低碳发展行动，六是安全可靠保障行动。《行动计划》强调了云边协同工程、数网协同工程、数云协同工程、产业链增强工程、绿色低碳提升工程、安全可靠保障工程 6 个重点工程，以实现云边、数网、数云的“四高”算力网络，凝聚数据中心的产业链全要素力量，贯彻落实“碳达峰碳中和”目标理念，着重引导新型数据中心走高效、清洁、集约、循环的绿色低碳发展道路。

第三十八章

《关于加快推动区块链技术应用和产业发展的指导意见》

第一节　政策背景

区块链是新一代信息技术的重要组成部分，是分布式网络、加密技术、智能合约等多种技术集成的新型数据库软件，通过数据透明、不易篡改、可追溯特征，有望解决网络空间的信任和安全问题，以期满足当下经济社会对数据要素的应用要求，推动重构更透明、更安全的信息产业体系。为贯彻落实习近平总书记在中央政治局第十八次集体学习时的重要讲话精神，发挥区块链在产业变革中的重要作用，促进区块链和经济社会深度融合，加快推动区块链技术应用和产业发展，提出《关于加快推动区块链技术应用和产业发展的指导意见》(以下简称《指导意见》)。

第二节　主要内容

《指导意见》明确了总体目标。到 2025 年，区块链产业综合实力达到世界先进水平，产业初具规模。区块链应用渗透到经济社会多个领域，在产品溯源、数据流通、供应链管理等领域培育一批知名产品，形成场景化示范应用。培育3～5家具有国际竞争力的骨干企业和一批创新引领型企业，打造3～5 个区块链产业发展集聚区。区块链标准体系初步建立。形成支撑产业发展的专业人才队伍，区块链产业生态基本完善。区块链有效支撑制造强国、网络强国、数字中国战略，为推进国家治理体系和治理能力现代化发挥重要作用。到 2030 年，区块链产业综合实力持续提升，产业规模进一步壮大。区块链与互联网、大数据、人工智能等新一代信息技术深度融合，在各领域实现普遍应用，培育形成若干具有国际领先水平的企业和产业集群，产业生态体系趋于完善。区块链成为建设制造强国和网络强国、发展数字经济、实现国家治理体系和治理能力现代化的重要支撑。

《指导意见》明确了区块链技术应用和产业发展的重点任务。一是赋能实体经济。深化区块链在新模式、新业态、新产业中的融合应用，推动企业建设基于区块链的供应链管理平台，在食品医药、关键零部件、装备制造等领域建立产品溯源体系提升质量管理和产业服务水平，用区块链打破数据孤岛实现数据共享，建设信用数据平台以创新社会诚信体系建设。二是提升公共服务。推动区块链技术应用于数字身份、数据存证、城市治理等公共服务领域；建立基于区块链技术的政务数据共享平台，为人民群众带来更好和更高效的政务服务体验；基于区块链的开放性、信息不可篡改特征，利用区块链建立数字化可信证明，发挥区块链在版权保护领域的优势，对数字版权进行有效管理；利用区块链促进城市间在信息、资金、人才、征信等方面的互联互通和生产要素的有序流动，深化区块链在信息基础设施建设领域的应用，支撑智慧城市建设。三是夯实产业基础。从区块链标准体系建设、构建底层平台、培育质量品牌、强化网络安全、保护知识产权 5 个方面强化区块链基础设施，建立区块链标准体系，构建区块链产品和服务质量保障体系，加强区块链安全防护能力，建立区块链知识产权共同保护机制，从建立、培育、维护、保障全方面构建区块链产业生态。四是打造现代产业链。以“名品”“名企”“名园”扩大区块链产业规模，建立开源生态，坚持补短板和锻长板并重，开展强链补链，构建现代化的产业链。五是促进融通发展。推进“区块链+工业互联网”“区块链+大数据”“区块链+云计算”“区块链+人工智能”的发展格局，扩展区块链技术在多领域、多场景的技术应用，构建融合发展的数字经济格局。

第三十九章

《工业互联网创新发展行动计划（2021—2023年）》

第一节　政策背景

《关于深化“互联网+先进制造业”发展工业互联网的指导意见》印发以来，在各方共同努力下，我国工业互联网发展成效显著，工业互联网产业规模市场不断壮大，推动实体经济与数字经济融合发展，提升工业产业链效率，工业互联网与大数据、云计算、人工智能、5G 技术深度融合。2021—2023年是我国工业互联网的快速成长期。为深入实施工业互联网创新发展战略，推动工业化和信息化在更广范围、更深程度、更高水平上融合发展，制定《工业互联网创新发展行动计划（2021—2023 年）》（以下简称《行动计划》）。

第二节　主要内容

《行动计划》总共包括 3 个部分，以“5、11、4”的行动主线明确了 5 个发展目标，谋划布局 11 项重点任务，以 4 项保障措施保证《行动计划》实施运转。

《行动计划》明确了至 2023 年的总体目标。到 2023 年，工业互联网新型基础设施建设量质并进，新模式、新业态大范围推广，产业综合实力显著提升。《行动计划》提出了 5 个分目标。一是新型基础设施进一步完善。到 2023 年初步建成覆盖各地区、各行业的工业互联网网络基础设施，在电子设备制造、装备制造、钢铁、采矿、电力等 10 个重点行业预期打造 30 个 5G

全连接工厂，对二级节点、综合型工业互联网平台、国家工业互联网大数据中心体系提出了新要求，力求实现工业互联网网络数量及覆盖能力的提升。二是融合应用成效进一步彰显。智能化制造、网络化协同、个性化定制、服务化延伸、数字化管理等新模式新业态广泛普及，企业生产提质、增效、降本、绿色、安全发展成效不断提升。三是技术创新能力进一步提升。一方面，提升工业互联网基础创新能力，网络、标识、平台、安全等领域一批关键技术实现产业化突破，工业芯片、工业软件、工业控制系统等供给能力增强；另一方面，建立工业互联网标准体系，力争在关键领域标准研制取得突破。四是产业发展生态进一步健全。培育发展一定数量的超大规模创新型领军企业，力求形成一两家具有国际影响力的龙头企业，培育国家级工业互联网产业示范基地。五是安全保障能力进一步增强。分类分级管理工业互联网企业网络安全，发展形成安全服务龙头企业、工业互联网安全创新示范园区的安全保障格局，基本建成工业互联网安全技术监测服务体系。

《行动计划》布局了11项重点任务。在工业互联网能力提升方面，围绕网络体系、标识解析、平台体系、数据汇聚赋能4个方面全面布局，强化工业互联网基础建设，壮大工业互联网平台生态体系，构建工业互联网数据中心，提升工业互联网服务产品质量。在工业互联网融通发展方面，《行动计划》着力培育工业互联网新型模式，在智能化制造、网络化协同、个性化定制、服务化延伸、数字化管理等方面提出了新要求，到2023年，逐步形成大中小企业、一二三产业融通发展。在工业互联网创新方面，关键标准建设、技术能力提升成为重点任务。在产业生态与安全保障方面，《行动计划》针对产业协同发展、安全保障强化、开放合作进一步提出新目标，助力工业互联网全面发展。

热　点　篇

第四十章

我国工业软件发展迎来政策窗口期

第一节　事件回顾

工业软件是支撑现代工业体系发展和创新的关键，同时也是我国软件产业链的突出短板。目前，我国工业软件发展迎来政策窗口期，工业软件创新成果不断涌现，骨干企业实力大幅提升。2021 年 3 月，中望软件登陆上海证券交易所科创板，成为 A 股第一家研发设计类工业软件上市企业。然而，我国核心工业软件技术与国外先进水平仍有较大差距，仍需要依赖外资技术能力。2021 年 6 月，达索系统携手青岛西海岸新区联合创建的青岛融合达索系统技术赋能创新中心落成，旨在为青岛西海岸新区打造一个全新的数字经济产业赋能平台，从而加速推动以青岛西海岸新区为中心的环渤海产业数字化转型升级。

第二节　事件评析

我国是全球唯一具备完整工业体系的国家，目前也正处于由制造大国向制造强国的发展过程中，工业软件在中国应用广、需求大，是工业数字化转型和智能制造的核心竞争力。发展工业软件是我国实现软件产业链升级和制造业高质量发展的重要抓手。2021 年 11 月，工业和信息化部印发了《“十四五”软件和信息技术服务业发展规划》，针对软件产业链升级，部署了重点突破工业软件、提升工业软件供给能力、开展工业技术软件化推广、完善工业软件产业生态等任务，充分说明国产研发设计类工业软件进入国内大型企业的步伐将加快，国产工业软件对国外工业软件的逐步替代将成为工业软件行业的长期趋势。中望软件、盈建科、中控技术和华大九天等代表性国产工业软件企业的上市，一定程度上反映了社会资本力量对国产工业软件的关注与支持，有助于国内企业的数字化转型升级。

与此同时，我国工业软件在核心工业软件技术上与国外先进水平仍有较大差距，工业软件市场长期被国外厂商产品所占据。国内虽然已具备一定数量的软件企业，但国产工业软件品牌规模普遍较小，行业内普遍存在自主创新投入有限、技术水平与行业巨头有一定差距，以及产业人才匮乏的现象。

以达索系统落地青岛西海岸新区事件为代表的外资企业抢滩情况，一方面使国产软件面临更加严峻的竞争局面，另一方面对我国借鉴西方先进的技术和管理模式有一定的启示意义。要想实现国产替代，改变国内行业起步晚、依赖进口等现状，国内研发团队应加强海外交流和技术引进，可以与外资机构成立合作中心或建立由中方控股的中外合资机构，充分发挥本土条件优势，打破外资企业的技术垄断。同时，也需要重视本土专业人才培养和海外人才回流，最终实现赶超，因为在数字经济的某些特定行业和领域，只有自主研发、自主可控的国产技术，才能更好保障数据安全。

第四十一章

微软正式发布 Windows 365，宣布 IE 浏览器退出市场

第一节　事件回顾

2021 年 7 月 14 日，微软正式发布 Windows 365，这一云服务将以全新方式将 Windows 10 或 Windows 11 体验提供给不同规模的商业企业。Windows 365 将操作系统带到微软智能云端，通过串流（streaming）的方式在个人或公司设备上提供流畅完整的 Windows 体验，包括应用、数据和各项设置。Windows 365 服务遵从“零信任”原则，从设计源头确保安全，在云端而不是设备端存储信息并确保安全。Windows 365 服务开创了称为 Cloud PC 的全新混合个人计算类别，通过融合云计算的力量与设备的功能，构建起完整的个性化 Windows 体验。

2022 年 6 月 15 日，微软正式宣布停止对 IE 浏览器的支持和维护，永久关闭它。这意味着微软 IE 浏览器在 27 年后正式退役，标志着又一款数字产品退出历史。

第二节　事件评析

微软推出的 Windows 365 降低了操作系统安装、运维的难度，顺应了数字经济新时代的潮流。Windows 365 可以最大程度地实现设备和云端的融合，无论设备运行哪种操作系统，只要有网络浏览器就可以将其整合成 Windows 工作空间。对微软而言，一是 Windows 365 可以进一步巩固并扩大 Windows

系统的市场份额，iOS 用户的“双系统”也许将成为历史；二是微软将有机会成为该细分领域的领导者，加速其在云服务市场的生态布局；三是利用跨设备访问 Windows 全家桶，相当于间接性地拉拢不同平台的用户，苹果也好，Linux 也罢，只要他们有使用 Windows 软件的需求，那么就有可能成为微软的潜在客户。对企业而言，Windows 365 为新冠肺炎疫情下企业用户实现远程协作工作模式提供了解决方案，给用户带来高效便捷的工作体验，同时也是顺应企业数字化转型的趋势。但是，由于云电脑数据传输过程需要占用大量带宽，对用户网络的要求较高，因此能否大范围推广还值得商榷。国内的阿里巴巴、华为等企业都曾推出过云电脑，云电脑的普及还依赖网络技术的进一步发展。当然，Windows 365 的推广需要解决数据安全的问题。上传到微软云端的商业机密是否能得到充分的保护，将会是关系到 Windows 365 能否被广泛接受的重要因素。Windows 365 发布当天，微软股价创下新高。

微软宣布 IE 浏览器退出市场，大多数版本的 Windows 10 系统将不再支持 IE 浏览器，取而代之的是更新、更快、更安全的 Edge 浏览器。IE 浏览器曾经是应用最广泛的网络浏览器，但近二十年来使用量一直不断下降。浏览器使用量追踪机构 NetMarketShare 的数据显示，2010 年 IE 在浏览器市场的份额跌破 50%大关，到 2022 年 5 月只剩下不足 2%的份额，而谷歌浏览器占据了 66.6%的市场份额。IE 浏览器与谷歌 Chrome 浏览器、苹果 Safari 浏览器等竞争对手相比，竞争对手全面拥抱开放网络标准，侧重关注功能、响应时间和兼容性等方面的用户体验，而 IE 浏览器却倚仗市场份额故步自封，不仅产品功能单一、响应时间长、兼容性不高，甚至产品安全都出现了隐患，在运行速度、稳定性、功能多样性等方面有着较大劣势。网友已经习惯性忽略 IE 浏览器的存在，其最终被淘汰其实是必然的。在 Windows 系统的捆绑支持下，Edge 浏览器稳定立足于浏览器市场不是问题，但要想进一步获得竞争对手的市场份额，还需要在技术层面实现创新，在安全、效率、功能等方面定期投入研发力量，持续保持竞争力，给用户提供更快、更安全和更现代的浏览体验，打破网友对 IE 浏览器的固有印象。

第四十二章

华为相继发布 HarmonyOS 2、欧拉并实现二者内核技术共享

第一节 事件回顾

2021 年 6 月 2 日，华为正式发布 HarmonyOS 2 及多款搭载 HarmonyOS 2 的新产品。这也意味着“搭载 HarmonyOS（鸿蒙）的终端”正式面世。

2021 年 9 月 25 日，华为开源操作系统欧拉（openEuler）全新发布。欧拉通过全栈原子化解耦，支持版本服务自由组合、灵活构建，通过一套架构灵活支持多样性设备和全场景应用，可广泛部署于服务器、边缘计算、云计算等各种形态设备。欧拉和鸿蒙已经实现了内核技术共享，未来计划在欧拉内构筑分布式软总线能力，让搭载欧拉的设备可以自动识别和连接鸿蒙终端。后续两者将进一步在安全 OS、新编程语言等方面实现共享。

第二节 事件评析

HarmonyOS 作为一个为满足物联网时代的多设备交互而生的操作系统，弥补了安卓、iOS 系统无法满足物联网时代的多硬件交互需求、无法为 IoT 设备所通用的缺陷。HarmonyOS 2 通过分布式技术，实现了硬件能力互助共享，提供一次开发多端部署，建立了一套统一的软件体系，让整个体系中的所有硬件设备成为节点，体系中的其他设备在需要时可以直接进行调用，进而满足用户在不同场景下的使用需求，为万物互联提供了新生态。

不同的领域各自有不同的操作系统，操作系统“碎片化”现状带来生态割裂、应用重复开发和协同烦琐等挑战。未来数字经济发展必然需要云管边端打通，同样的操作系统要在不同的硬件形态上适配，实现一次应用开发、不同场景部署。欧拉和鸿蒙操作系统内核已经实现了打通，未来搭载欧拉的设备可以自动识别和连接搭载鸿蒙的终端，真正做到把端边云打通，为下一步协同发展打下基础。欧拉与鸿蒙既有互通，又各有侧重。一方面，二者都以开源的形式实现能力共享、生态互通。在能力上，将基于内核向软件整体能力方向进行共享；在生态上，将实现应用生态、设备生态、开发者生态、高校生态上的互通。另一方面，二者定位与应用场景不同。鸿蒙主要定位在应用，面向智能终端、物联网终端、工业终端等场景，侧重于民用和工业应用，能够提升用户体验，推进万物互联；欧拉主要定位在基础设施，面向服务器、云计算、边缘计算和嵌入式系统，侧重于基础设施支持及复杂计算领域的嵌入式开发，以推动复杂系统内部数据搭建和处理。欧拉与鸿蒙两个操作系统联合起来可以覆盖各种应用场景，对我国操作系统领域发展来讲是一大突破。

第四十三章

阿里云发布全新操作系统“龙蜥”（Anolis OS）并宣布完全开源

第一节　事件回顾

2021 年 10 月 20 日，阿里云在 2021 云栖大会上发布了全新操作系统“龙蜥”（Anolis OS），宣布龙蜥操作系统完全开源，并将通过开源社区等形式为用户提供服务。据介绍，龙蜥操作系统定位于服务器端，支持 X86、ARM 等多种芯片架构和计算场景，已在阿里巴巴内部打磨 10 年，有效支撑了历年天猫“双 11”，在性能和稳定性方面经受住了严苛的考验。未来，阿里云计划将 20 亿元资金投入龙蜥专项研发，并联合生态合作伙伴推动生态建设，提供长达 10 年以上的技术保障。

第二节　事件评析

近年来，开源已逐渐成为新一代信息技术创新的最主要驱动力，其倡导的分享与互助理念，极大地促进了开源软件自身价值的实现、转化与再传播。习近平总书记提出，要“打好产业基础高级化、产业链现代化的攻坚战”。而开源对于构建自主安全的软件产业链将起到不可替代的作用。阿里巴巴推出的龙蜥操作系统，有力支撑了国产软硬件产业生态体系的构建。在软件层面，龙蜥操作系统由阿里云、红旗软件、统信软件等国内操作系统厂商联合开发，不但继承了 CentOS 的产业生态，还将打造面向未来的开源操作系统，助力自主软件生态的发展。在硬件层面，龙蜥操作系统提供对龙芯、兆芯、鲲鹏、飞腾、海光的完善支持，如 Anolis OS 8.4 LoongArch 是全球首款支持龙芯 LoongArch 架构的同源异构服务器操作系统，将助力国产硬件生态的发展。龙蜥操作系统的发布，一方面，解决了自 CentOS 社区宣布原有的 CentOS8 将于 2021 年底停止维护以来国内之前使用 CentOS 生态厂家的燃眉之急；另一方面，对外部用户来说，阿里云本身丰富的应用场景帮助用户获得了阿里云的高强度海量测试，打消了用户对系统性能稳定性的顾虑。

第四十四章

蚂蚁集团自研数据库 OceanBase 登顶 TPC-H 榜单

第一节　事件回顾

2021 年 5 月 20 日，国际事务处理性能委员会（Transaction Processing Performance Council，TPC）官网公布了最新的数据分析型基准测试（TPC-H）榜单，其中蚂蚁集团自主研发的分布式关系数据库 OceanBase 以 1526 万 QphH 的性能总分排名 30000GB 第一。此前，蚂蚁集团的 OceanBase 在 2019 年和 2020 年均参与了事务处理型基准测试（TPC-C），并两度登顶。这意味着，OceanBase 成为唯一在事务处理和数据分析两个领域测试中都获得第一的中国自研数据库。据悉，OceanBase 由蚂蚁集团自主研发，经历了阿里巴巴和蚂蚁集团大规模业务场景的长时间考验，OceanBase 已在多家机构落地应用，包括中国工商银行、山东移动、福建移动、数字江西、中华保险、人保健康、天津银行、西安银行、常熟农商行、苏州银行、东莞银行等。

第二节　事件评析

一直以来，数据库与芯片、操作系统并列为全球技术三大件，也是企业 IT 系统必不可少的核心技术。近年来，数据的爆发带来了对数据库的大量需求。数据库是最重要的基础软件之一，也是企业构建 IT 系统必不可少的组成部分，在金融、电信、政务等领域的数字化转型中起到关键作用。IDC 在报告中指出，全球数据量总和将从 2018 年的 32 ZB 增至 2025 年的 175 ZB，信息数据呈爆发增长态势。OceanBase 数据库作为一个既能处理 TP 又能处理 AP 的数据库系统，不仅降低了系统的复杂性，同时还深层次地发掘了用户需求。OceanBase 的登顶像是一次免费广告，更像是一个“消费者教育”的案例，向使用典型 TP、AP 独立架构或 Oracle 传统数据库的用户宣传其产品价值，告知用户其一直坚持的 HTAP 技术方向也是他们所真正需要的，并推动用户从“不知其需要”逐渐过渡到“深知其需要”的阶段。进一步说，OceanBase 的登顶不仅是蚂蚁集团的高光时刻，更是国产数据库软件成功迎接全世界数据库专家的检视和挑战的光辉时刻。Oracle 旗下的数据库软件已夺下市场的半壁江山有余，OceanBase 数据库的成功势必将为国产软件业提振士气。OceanBase 的登顶是中国自研数据库的又一个里程碑，凸显了国产数据库的自主实力，也表明中国自研技术在世界范围内已经有了一定程度的话语权。但 OceanBase 在性能提升以外，还需要继续提高软硬件兼容性，同时更好地结合具体业务，这有赖于技术的长期积累与生态的持续构建。

第四十五章

严惩“大数据杀熟”，相关法律法规发布

第一节　事件回顾

2021 年 7 月 2 日，国家市场监督管理总局发布《价格违法行为行政处罚规定（修订征求意见稿）》，向社会公开征求意见。从绝对额罚款改为按比例罚款，“大数据杀熟”情节严重的可能被吊销营业执照，这将有助于治理当前平台型企业价格违法行为泛滥的情况。同时，修订征求意见稿明确了新业态中的价格违法行为并发布了相关惩罚机制，进一步加大保障力度。

《中华人民共和国个人信息保护法》由中华人民共和国第十三届全国人民代表大会常务委员会第十三次会议于 2021 年 8 月 20 日通过，自 2021 年 11 月 1 日起施行。该法律进一步完善个人信息处理规则，特别是对应用程序（App）过度收集个人信息、“大数据杀熟”等做出有针对性规范等。

第二节　事件评析

大数据时代，法律体系的建设也要顺应时代潮流。数据安全、信息泄露等问题已经对公民的个人权益造成了侵害，甚至造成了市场中不公平现象，针对相关问题进行立法可谓切中要害。“大数据杀熟”一直以来令广大消费者深恶痛绝，国家市场监督管理总局对“大数据杀熟”行为给出了明确界定，提高了企业的违法成本，有利于防止大数据等信息技术的不当使用。“大数据杀熟”的监管难题之一就是维权成本太高，而处罚力度又过低。以往针对“大数据杀熟”实施者的处罚上限为 50 万元罚款，所以即便消费者跨越难关维权成功，微小的罚款对市值几十亿元甚至上百亿元的互联网企业而言也无

关痛痒，无法起到警示和震慑作用。《价格违法行为行政处罚规定（修订征求意见稿）》增大了对"大数据杀熟"的打击与处罚力度，对破除"大数据杀熟"顽疾意义重大。《价格违法行为行政处罚规定（修订征求意见稿）》和《中华人民共和国个人信息保护法》的发布有助于推动数据价值实现与个人信息保护相协调，过去消费者在个人信息受到侵犯时无法可依、维权困难的局面也将得到改善。同时，对数字经济相关产业而言，《中华人民共和国个人信息保护法》也为各方强化信息安全提供了方向指引。

下一步要持续细化"大数据杀熟"行为的界定标准，以及解决消费者维权举证艰难的问题，采取更多有力行动遏制"大数据杀熟"；通过媒体宣传、政府引导强化企业自觉遵守市场规则的意识；反向利用大数据技术为消费者提供产品价格信息，建立多平台比价机制，实现市场价格的公开透明化；针对大数据时代的不正当竞争现象完善反垄断法律体系，保证法律法规的落地实施。除此之外，公众应该加强法律意识和个人信息保护意识，积极采取保护措施防止个人信息泄露；企业也应该树立正确观念，合理利用用户信息，尊重和保护他人隐私；管理部门加强监管和执法力度，提高信息泄露犯罪成本，共同营造保护信息安全的社会氛围。

第四十六章

针对我国工业软件人才紧缺问题的策略分析

第一节　事件回顾

工业软件关键核心技术的突破，主要依赖高素质人才队伍。然而，我国工业软件人才从业门槛高、社会储备少、工资收入低，整个行业面临人才培养难、招聘难、留住难的三大“造血”难题。《关键软件人才需求预测报告》预测，到 2025 年，我国关键软件人才新增缺口将达到 83 万，其中工业软件人才缺口将为 12 万。工业软件将成为人才紧缺度最高的领域之一，这一问题值得高度重视。

第二节　事件评析

我国工业软件人才面临三大“造血”难题：一是门槛高，工业软件人才“培养难”；二是储备少，工业软件人才“招聘难”；三是收入低，工业软件人才“留住难”。

针对三大难题，从短期看，着力提升人才引进、管理和保障水平。

加大国际人才引进力度。一是完善人才信息，建立工业软件人才引进目录，做好高端人才定点跟踪。二是丰富人才引进渠道，鼓励企业通过校企合作、国际化学术交流等中间渠道，拓展工业软件人才信息来源；积极发动产学研力量，建立人才信息上报机制和人才储备机制。三是建设国际高端人才评价体系，以国内需求为导向，重点引进具有工业软件实战经验的人才。

提高人才管理与保障水平。一是加强经费保障。推动减轻工业软件领域人才税费负担，提升工业软件行业对人才的吸引力；鼓励企业发挥责任担当，为工业软件人才持续做好技术和产品研发提供资金保障；推动将企业工业软件人才引培成本纳入国家项目经费列支范围。二是加强人才管理。加强工业软件人才监测，掌握人才储备和流向；加大择业价值观宣传，鼓励更多人才投身工业软件事业。三是完善人才职称评定。不断完善工业软件人才认定标准，畅通各类人才认定渠道，通过考评结合将人才实战经验纳入职称评定范围。

从长期看，大力推动企业发展与人才培养双轮驱动。

做大做强工业软件企业。一是加大资金支持力度。设立软件产业基金及工业软件子基金，推动税收等优惠政策向工业软件企业倾斜，鼓励工业软件企业融资上市。二是推动产品市场化应用。加大对工业软件企业和产品的宣传力度；鼓励重点领域企业和高校优先应用国内工业软件产品；鼓励企业加强国际间的交流合作，提升工业软件产品供给能力与市场化水平。

提升高校人才供给能力。一是深入挖掘校企合作动力。鼓励校企以联合实验室形式开展工业软件技术开发；鼓励高校教师以留职聘用等形式参与企业项目，引导毕业生流向工业软件企业；鼓励国内工业软件产品进校园、进课程、进教材、进实训；鼓励制造企业释放工程场景，参与工业软件人才实训。二是加大教育资源支持。增加高校相关专业研究生招生指标，大力培养高层次工业软件人才；统筹校内外资源，建设跨学科培养课程体系，培养复合型人才。

加强工业软件职业教育。一是支持职业教育机构借鉴国际工业软件技能培训经验，探索一条适合国内需求的复合型人才教育和培训之路。二是支持工业软件企业进行在职培训，鼓励企业与职业教育机构加强合作，共建工业软件人才在职教育体系，提高人才留用水平；吸引互联网、游戏等领域人才回流，加强回流人才在工业软件领域的再培训、再就业。三是推动设立工业软件领域国家职业证书，推动国家职业证书与工程教育专业认证衔接，增强工业软件人才的荣誉感和归属感。

展　望　篇

第四十七章

主要研究机构预测性观点综述

第一节　Gartner 的预测

（一）2022 年 12 个数据和分析趋势

2022 年，数据和分析领导者的工作重点之一是管理由此引发的持续不确定因素和波动性。数据和分析领导者需要在自适应 AI 系统、数据共享和数据编织等趋势的基础上推动新增长、韧性和创新，并且根据关键数据和分析技术趋势对业务优先事项的紧迫性和匹配性来监测、尝试或积极投资于这些趋势，以此预测、调整并扩大数据和分析战略的价值。

趋势 1：自适应 AI 系统（Adaptive AI systems）

随着决策变得更具关联性、情境性和连续性，再造决策的重要性日益增加。企业可以通过自适应 AI 系统来做到这一点，它可以更迅速地适应变化，提供更加快速灵活的决策。同时，构建和管理自适应 AI 系统需要采用 AI 工程实践。AI 工程能够通过编排和优化应用来适应、抵御或吸收各种干扰因素，促进自适应系统的管理。

趋势 2：以数据为中心的 AI（Data-centric AI）

在不考虑 AI 特有的数据管理问题的情况下试图解决 AI 问题。正式规定使用以数据为中心的 AI 和以 AI 为中心的数据至关重要。在企业的数据管理战略中，它们能够更加系统地解决数据偏差、多样性和标记问题，包括在自动化数据整合和主动元数据管理中使用数据编织。

趋势 3：元数据驱动的数据编织（Metadata-driven data fabric）

数据编织通过元数据侦听、学习并行动。它能为人员和系统标记和推荐行动，最终提高企业机构内部对数据的信任和使用，减少包括设计、部署和操作在内 70%的各类数据管理任务。例如，芬兰图尔库市发现该市的创新受到数据缺口的阻碍，通过整合分散的数据资产，图尔库市重新利用数据，减少三分之二的产品上市时间并创建一个可以变现的数据编织。

趋势 4：始终数据共享（Always share data）

虽然数据和分析领导者经常承认数据共享是一项关键的数字化转型能力，但他们缺少专业的知识，因此无法怀着信任大规模地共享数据。顺利推动数据共享并增加对匹配业务案例的正确数据的访问，应开展跨业务和行业领域的合作，这将加快对增加预算授权和数据共享投资的支持。此外，还应考虑采用数据编织设计来实现跨不同类型内部和外部数据来源的统一数据共享架构。

趋势 5：情境丰富的分析（Context-enriched analysis）

情境丰富的分析建立在图形技术的基础之上。关于用户情境和需求的信息被保存在图形中，以便利用数据点之间的关系及数据点本身实现更深入的分析。这有助于基于相似性、制约因素、路径和社区来识别和创建进一步的情境。为了捕获、保存和使用情境数据，企业需要建立数据流水线、X 分析技术和 AI 云服务方面的能力和技能，以便处理不同类型的数据。到 2025 年，情境驱动的分析和 AI 模型将取代 60%建立在传统数据基础上的现有模型。

趋势 6：业务模块组合式数据和分析（Business-composed D&A）

Gartner 建议企业采用模块化的数据和分析方法或“组合式数据和分析”。业务模块组合式数据和分析建立在这一趋势的基础上，但重点正在从 IT 人员转向业务人员。业务模块组合式数据和分析使业务用户或业务技术人员联合构建业务驱动的数据和分析能力。

趋势 7：以决策为中心的数据和分析（Decision-centric D&A）

决策智能学科（即对如何做出决策进行深思熟虑）正在使企业机构重新思考在数据和分析能力方面的投资。使用决策智能学科设计最佳决策，然后提供所需的信息和资源。Gartner 预测，到 2023 年，超过 33%的大型企业机构将有从事决策智能工作的分析师，包括决策建模。

趋势 8：人员技能和素养的不足（Skills and literacy shortfall）

数据和分析领导者需要团队中的人才来推动可衡量的成果。但虚拟工作场所和激烈的人才竞争加剧了员工数据素养（读、写和传递数据的能力）的不足。Gartner 预测，从现在起到 2025 年，大多数首席数据官（CDO）将无法培养实现战略数据驱动的既定业务目标所必需的员工数据素养。由于数据素养和员工技能提升方面的投资成本不断上升，应在与新员工的合同中加入“薪酬索回”或“费用偿还”条款，这样就能在员工离职时收回成本。

趋势 9：互联治理（Connected governance）

企业机构需要在各个层面采取有效的治理来解决他们面临的运营挑战，而且这些治理措施还必须灵活、可扩展，并且能够迅速响应不断变化的市场动态和具有战略意义的组织挑战。然而，新冠肺炎疫情进一步突出表明，企业迫切需要强有力的跨职能协作，并随时准备改变组织结构，以实现业务模型的敏捷性。应使用互联治理建立一个跨业务职能和地域的虚拟数据和分析治理层来实现所期望的跨企业业务成果。

趋势 10：AI 风险管理（AI risk management）

如果企业机构将时间和资源用于支持 AI 信任、风险和安全管理（TRiSM），那么他们就能改进 AI 在采用、业务目标实现及内部和外部用户接受度方面的成果。Gartner 预测，到 2026 年，开发出可信赖的目标导向型 AI 的企业机构将实现 75%以上的 AI 创新成功率，而未能做到这一点的企业机构只有 40%的成功率。通过加强对 AI TRiSM 的重视，企业机构就能可控而稳定地实现 AI 模型的实施与操作化。此外，Gartner 还预测 AI 的失败会大幅减少，包括不完整的 AI 项目、意外或负面结果的减少等。

趋势 11：厂商和地区生态系统（Vendor and region ecosystems）

随着各地区数据安全法的颁布，许多跨国企业机构正在为遵守当地法规而构建数据和分析生态系统。这一趋势将在新的多极世界中加速。企业需要采取多项行动构建一个有凝聚力的云数据生态系统。应评估厂商解决方案的可扩展性和在整个生态系统中的供应情况，并考虑与它们保持一致。应通过权衡单一厂商生态系统在成本、敏捷性和速度方面的优势，重新评估有利于最佳或最合适的云中端到端数据和分析能力战略的政策。

趋势 12：向边缘的扩展（Expansion to the edge）

在数据中心和公有云基础设施之外的分布式设备、服务器或网关中执行的数据和分析活动日益增加。它们越来越多地位于边缘计算环境，更加靠近数据和相关决策的创建和执行地点。Gartner 预测，到 2025 年，超过 50%的企业关键数据将在数据中心以外或云以外的地点创建和处理。

（二）2022 年 12 个重要战略技术趋势

2022 年的重要战略技术趋势分别为数据编织、网络安全网格、隐私增强计算、云原生平台、组装式应用、决策智能、超级自动化、AI 工程化、分布式企业、全面体验、自治系统和生成式 AI。其中，超级自动化已连续 3 年入选 Gartner 重要战略技术趋势报告；网络安全网格、隐私增强计算、AI 工程化连续两年入选 Gartner 重要战略技术趋势报告。

趋势 1：数据编织

数据的价值从未像现在这般突出。但通常情况下，数据沦为应用内的孤岛，表明数据并未得到充分利用。作为一种跨平台和业务用户的数据整合方式，数据编织可以使数据随时随地为人们所用。通过内置的元数据读取分析技术，数据编织还能够了解数据的使用情况。不过，数据编织的真正价值在于提供建议以获得更多不同类型、质量更好的数据，因此可以将数据管理工作量减少 70%。

趋势 2：网络安全网格

数字业务资产散布在云端和数据中心。但只专注于边界防御的网络安全传统手段过于零散，很容易使企业机构受到攻击。网络安全网格架构提供了一种可组装模式，可以基于身份打造可扩展和互操作的服务。其一体化结构还可为所有资产提供安全保障，不受地理位置制约，甚至可以赋能延伸到 IT 服务整个基础的安全策略。

趋势 3：隐私增强计算

数据的真正价值不在于简单地拥有，而在于如何将其应用于人工智能（AI）模型、进行分析和获得洞察。隐私增强计算（PEC）能够在不泄露隐私的情况下，在整个生态系统中共享数据，创造价值。虽然加密、分割或预处理敏感数据的方法各不相同，但该技术都可以在不影响保密性的情况下处理数据。

趋势 4：云原生平台

直接迁移的重点是将传统工作负载放到云端。但这些工作负载并不是为云计算设计的，因此需要繁重的维护工作，而且未能利用云计算的任何好处。云原生平台运用云计算的核心能力——可扩展的弹性 IT 相关能力“即服务”，从而加快价值实现时间。此外，这项技术还减少了对基础设施的依赖，转而投入更多时间专注于开发应用功能。

趋势 5：组装式应用

融合团队面临着诸多挑战：可能缺乏编码技能，受困于错误的技术，并经常需要快速交付任务。组装式应用由打包业务能力（PBC）或软件定义的业务对象组装而成。PBC——如代表患者或数字孪生——能创建可重复使用的模块，便于融合团队自行组装，进而可以快速创建应用，缩短上市时间。

趋势 6：决策智能

决策可能受到多重经验和偏见的影响，但身处瞬息万变的世界，企业机构必须以更快的速度做出更明智的决策。决策智能通过一个框架来模拟决策过程，从而优化企业机构的决策。融合团队可以根据学习和反馈来管理、评估和改进决策。整合数据、分析和创建决策智能平台 AI，以支持、增强和自动进行决策。

趋势 7：超级自动化

随着企业机构越来越关注增长、数字化和卓越运营，对更优质、更广泛自动化的需求也不断凸显。超级自动化以业务驱动，可识别、审查和自动执行尽可能多的业务和 IT 流程，需要协调使用多种技术工具和平台，包括机器人流程自动化（RPA）、低代码平台和流程挖掘工具。

趋势 8：AI 工程化

AI 是可以使企业机构从新冠肺炎疫情危机中脱颖而出抢占强势地位的颠覆性解决方案，但单独使用 AI 不足以完美实现上述目标。AI 必须加以优化。AI 工程化是实现 AI 模型运营化的学科，可使用集成数据和模型及开发生产线，通过 AI 持续交付一致的商业价值。超级自动化结合了自动化的更新生产线与强大的 AI 治理。

趋势 9：分布式企业

分布式企业产生的原因有二：一方面，由于新冠肺炎疫情的影响而形成员工远程办公的局面，需要不同的工具和更大的灵活性；另一方面，传统的实体渠道不再获得消费者的青睐。分布式企业是一种虚拟优先、远程优先的架构方法，可将与消费者的接触点实现数字化，并提高消费者体验以支持产品。

趋势 10：全面体验

全面体验是一项结合客户体验、用户体验、员工体验和多重体验学科的业务战略，可为消费者和员工打造更好的体验感受。全面体验旨在实现上述 4 个领域的互联和增强，从而为所有利益相关方提供一个更全面的整体体验。

趋势 11：自治系统

随着企业机构的发展，传统的人工管理方法无法以同样的速度扩展。自治系统是可以从所在环境中学习的自我管理型物理或软件系统。与自动化甚至自主系统不同，自治系统无须外部软件更新就可以动态修改自己的算法，从而快速响应变化，使复杂环境中的规模化管理成为可能。

趋势 12：生成式 AI

在大多数情况下，经过训练的 AI 可以产生结论，但真正能成倍增加 IT 力量的技术还可以自行创新。生成式 AI 技术可以从样本数据中学习工件的数字表示，并生成全新、完全原创的实际工件。后者保留了与训练数据的相似性，但并未进行重复，因此可以成为企业快速创新的重要引擎。

第二节　IDC 的预测

IDC 发布了 2022 年中国 ICT 市场十大预测。

预测 1：行业深度数字化加速，数字化产品与服务机会可期

“十四五”规划明确提出，促进数字技术与实体经济深度融合，加快推进产业数字化转型，加快数字社会建设步伐。数字经济的基石“新基建”每年投入约 2 万亿元人民币。IDC 预测，2022 年超过 50%的中国经济将建立在数字化的基础上或受到数字化的影响。到 2023 年，三分之一的公司将从数字化产品和服务中创造超过 30%的收入，而 2020 年尚未超过五分之一。

预测 2：云市场格局有变，边缘专属行业多云走向分布

2020 年，中国前十大公有云厂商市场份额占比达到 91%，比 2018 年提高了 5 个百分点，但由于客户需求和政策的导向，边缘云、专属云、行业云、多云部署等趋势驱动云市场走向分布，头部云厂商增速放缓，后起之秀增长迅猛。IDC 预测，到 2023 年，40%的中国 1000 强企业将重置云选择流程，以关注业务成果而非需求，评估从设备到边缘及从数据到生态的云厂商产品组合，以寻求在满足政策情况下加速创新。

预测 3：企业智能理念兴起，智能预测与智能决策价值凸显

人工智能是“十四五”规划中数字产业化聚焦的七大重点领域之一，智能化转型也是国企未来 3 年的工作重点。为了更好发挥 AI 的价值，企业智能的理念兴起。IDC 将企业智能定义为组织的学习能力与综合信息处理能力，以便在强大的数据文化中不断学习和应用，并产生规模化洞察，从而使组织

能够改善业务结果。IDC 预测，到 2025 年，超过 60%的企业将把人类专业知识与人工智能、机器学习、NLP 和模式识别相结合，做智能预测与决策，增强整个企业的远见卓识，并使员工的工作效率和生产力提高 25%。要达到这些绩效，设置用于协调业务与 AI 的专属 CXO 将成为刚需。

预测 4：多元化交互重塑用户体验，元宇宙概念持续发酵

用户体验创新一直是数字化转型的核心目标之一，新冠肺炎疫情更加速了各类新型技术与终端的应用，虚拟展馆、AI 数字人、5G 智能视频客服、AR/VR 终端等不一而足。IDC 预测，到 2023 年，50%的中国 1000 强企业将转移一半的新技术硬件与连接支出，以便重塑用户体验，哪些能够为工作、学习、娱乐、健康、空间等领域提供优良数字化体验的组织将在获取和保持客户忠诚度方面建立长期优势。IDC 将元宇宙定义为与现实世界平行的，可提供游戏、购物、社交、学习等沉浸体验的开放虚拟世界。元宇宙的发展还在其庞大构想的非常早期阶段，2022 年这一概念持续发酵，AR/VR 出货量增长迅猛。

预测 5：网络连接价值进一步彰显，5G 应用场景部署加速

新冠肺炎疫情使公司部分员工远程办公成为新常态，生产制造企业的远程运营与维护也是刚需，线上会议与活动必不可少，视频直播营销成为重要渠道，快速、稳定、安全的网络连接从没有像现在这样重要。IDC 预测，2022 年 40%以上的组织将优先考虑网络连接的韧性，以确保业务连续性和新的应用场景的开发，从而为客户、员工与合作伙伴带来不间断的数字化互动与优良体验，这也将驱动 5G 应用场景部署加速。IDC 也预测，到 2023 年，30%的中国 1000 强企业将开发全新的流程作为远程运营，而 2020 年的远程运营流程数量非常有限。

预测 6：数字孪生全方位渗透，开始组织打造虚拟“新基建”

数字孪生概念的提出已经超过 10 年，但深度应用还较少。随着物联网、工业互联网、大数据、AI、5G、云计算等技术的大量应用和成熟，数字孪生的应用开始进入快车道。IDC 预测，从 2021 年到 2027 年，为数字孪生建模的实物资产和流程的数量将从 5%增加到 50%，从而实现运营绩效的优化，不仅可以降低运营成本，而且可以加速实现转型与创新。到 2025 年，30%的城市将通过物联网、人工智能和数字孪生技术，将物理和数字相结合，并改善关键基础设施和数字服务的远程管理。

预测 7：“即服务”交付将更为普及，企业 IT 预算将重新分配

商业模式创新是数字化转型的核心价值之一，软硬件产品服务化就是最重要的举措，既可以增加用户的黏性，又可以使服务商保持稳定增长。对于服务使用者则大大降低资本支出，“一切即服务”时代正在到来，ICT 市场更是如此。IDC 预测，到 2024 年，由于在安全、云平台、虚拟工作空间和连接领域采用集成的“即服务”捆绑包，40%的大型企业 IT 预算将重新进行分配。虽然更快的实施周期、更敏捷的部署、与业务使用保持一致的优势已得到充分认可，但 IT 团队仍需要不断监控投资组合的膨胀风险。在个人电脑领域，IDC 预测，到 2023 年，五分之一的企业个人电脑将通过设备即服务协议部署，在整个预测期内，这一份额将持续上升。

预测 8：数字化生态系统持续重构，工业互联网看到盈利曙光

在数字化的世界中，基于 API 的生态系统强弱决定了企业核心竞争力的强弱。互联网公司和 ICT 服务商都在强化自己的生态，大型行业用户也在通过自己的行业优势，利用数字技术寻找新的合作伙伴，打造自己的数字化生态系统。工业和信息化部评出的 15 家工业互联网双跨平台，每一家都有雄心通过自己的平台在巨大的工业互联网市场中建立新生态，获取更大的市场份额。IDC 预测，到 2026 年，中国 1000 强企业平均 30%的收入将来自与合作伙伴构成的行业生态系统，这些收入通过共享数据、共享应用、共享运营等举措获得。50%的首席信息官也将把合作利用行业生态系统的能力，作为其创新、数据共享、差异化和网络安全风险管理的重要源泉。

预测 9：数据保护和隐私挑战巨大，数据治理与安全成为刚需

《关键信息基础设施安全保护条例》和《中华人民共和国数据安全法》从 2021 年 9 月 1 日起实施，《中华人民共和国个人信息保护法》从 2021 年 11 月 1 日起实施。同国外类似法律相比，中国的这 3 部法律更加严格，创新点更多，罚款也更高，在用户权利、出境评估、数据共享等领域提出明确的严格限制，这给所有企业都带来了巨大挑战。IDC 预测，到 2024 年，数据隐私、安全、存储、使用、披露等方面的要求将迫使 80%的中国大型企业在自主基础上重组其数据治理流程。成功的组织将利用数字主权作为对资源/数据控制进行新投资的重要推动力，并致力于降低网络安全等领域的信任风险，同时为新的用户体验、员工体验和远程运营工作提供基础。在这一趋势下，数据治理、零信任与隐私计算、云与边缘安全成为企业的刚需。

预测 10：双碳与 ESG 是新议程，技术普惠考验企业社会责任

“十四五”规划明确提出，要强化环境保护，发展绿色经济，2030 年实

现碳达峰，争取 2060 年实现碳中和，更好地支持创新、协调、绿色、开放、共享的发展理念。这对所有企业特别是大型企业提出了更高的环境、可持续发展、治理的新要求，如何利用数字技术实现双碳与 ESG 目标开始考验企业的社会责任。IDC 预测，到 2023 年，50%的中国 1000 强企业将把环境可持续性参数牢固地嵌入其业务 KPI 中。50%的中国 1000 强企业将需要首席信息官实施可持续的信息技术，将环境、社会和治理实践嵌入从采购到处置的技术生命周期中。

第四十八章

2022 年中国软件产业发展趋势展望

2021 年，我国软件和信息技术服务业仍然保持稳中有进的整体态势，业务收入实现较快增长。软件产业作为信息技术关键载体和产业融合关键纽带，将成为我国“十四五”时期抢抓新技术革命机遇的战略支点，面临着产业基础高级化、产业结构高质量发展的压力和挑战。预计 2022 年，我国软件产业仍将保持稳步发展的态势，在《“十四五”软件和信息技术服务业发展规划》的指导下，将逐步提高产业发展质量，迈向高质量发展的新台阶。

第一节　整体发展趋势展望

（一）软件价值将进一步凸显，产业竞争将日趋激烈

2021 年，新冠肺炎疫情形势依旧严峻，以软件为核心驱动的数字经济在此期间呈现出强大的发展韧劲与潜力，促使软件价值进一步受到世界各国的密切关注。一方面，软件正在全球范围内加速驱动数字经济新业态新模式发展。TeamViewer、Office 365、腾讯会议、华为 WeLink 等协同办公软件的广泛应用，加速了远程办公这一新模式的普及；TikTok、电商直播、盒马鲜生等新应用的快速发展，有效推动了在线娱乐、新型零售等新型消费需求的爆发式增长。另一方面，软件正加速下沉成为各行各业的“基础设施”。随着全球范围内 5G 基站、数据中心、智能电网等数字基础设施建设进入快车道，软件对各行各业的底层支撑作用进一步强化，持续驱动全球数字产业和传统产业数字化转型不断加快。

2022 年，随着数字经济对 GDP 增长的拉动作用不断增强，中国、美国等主要国家在软件领域的技术较量、产业竞争仍将持续，并将随宏观经济、

区域形势的变化而呈现出更多的不确定性。美国通过制裁对我国软件技术创新、软件企业运营带来的负面影响不容忽视，但随着《区域全面经济伙伴关系协定》（RCEP）初步达到生效门槛及我国融入《数字经济伙伴关系协定》（DEPA）等区域组织步伐的不断加快，我国软件产业在联合创新与市场拓展方面将迎来新的发展机遇，软件产品及服务出口有望实现稳步增长。随着我国软件产业由高速发展向高质量发展阶段迈进，软件对各行各业的底层支撑作用进一步强化，持续激发数据要素创新活力，将持续涌现面向教育、金融、能源、医疗、交通等领域典型应用场景的软件产品和解决方案，加快产业数字化进程，软件产业赋能作用显著提升。

（二）关键软件产品将有望实现突破，规模化应用将取得新进展

关键软件是产业重点战略布局方向，在解决软件核心技术“卡脖子”问题、推动国家经济社会发展中具有突出的支撑作用。随着国家软件发展战略的深入实施和产业发展思路的日益清晰，依托专项支持和重点企业研发，关键软件产品加速发展，重点领域行业应用创新工作稳步推进。在基础软件领域，操作系统、数据库、办公软件等产品性能和稳定性均得到稳步提升，取得一系列标志性成果。我国自主研发的鸿蒙、UOS 等操作系统相继推出，达梦数据库实现国内首创攻克数据共享集群技术，WPS 办公软件在安卓、苹果、Linux 上的用户量稳居全国第一。在工业软件领域，近年来我国大力发展工业互联网，有效带动了工业软件的持续创新，特别是工业 App 的发展进入快车道。统计数据显示，我国工业 App 数量已经突破 35 万，预计到 2025 年这一数量将达到 100 万。

2022 年，随着信创工作的深入推进，我国在关键软件领域的技术创新水平与产品性能将持续提升，规模化应用能力将进一步强化。政企市场空间有望持续释放，消费者市场拓展将不断加快，在需求端带动与供给侧升级双向发力的影响下，我国软件应用水平将稳步提升，推动国产关键软件发展步入全新阶段。

（三）开源生态将进一步完善，软件产业开放合作的氛围更加优良

2021 年，我国开源社区不断发展，优秀开源人才、优质开源项目加速汇

聚。头部企业对开源的回馈力度持续加大，华为 OpenHarmony、百度 XuperChain、浪潮 UBML、360 Pika、阿里巴巴 AliOS Things 等 9 个开源项目已陆续进入我国主导的开放原子开源基金会进行孵化。开源社区的用户数量大幅提升，截至 2021 年，木兰开源社区已与超过 100 家单位建立合作关系，deepin 社区注册用户数已超过 12 万，Gitee 平台注册用户数超过 800 万。以开源为主题的会展活动日益丰富，开源组织与开源文化的影响范围不断拓展，中国开源年会、全球开源技术大会等品牌峰会广泛吸引了开源社区、软件企业、开发者的共同参与。

2022 年，我国开源力量将持续壮大，产学研用各方主体参与我国开源生态建设的热情将继续高涨，成熟的开源治理模式和协同创新模式有望加速落地。开源将成为凝聚我国软件产业发展合力的重要举措，随着产业开放合作水平的不断提高，我国在大型开源项目及国际主流开源社区中的参与度和话语权有望得到明显增强。

（四）软件名城建设将持续深入，产业集聚发展效应将愈发凸显

2021 年，我国软件名城建设持续深入，软件产业集聚度进一步提高。从产业规模来看，软件名城已经成为我国软件产业发展的“主力军”。截至 2021 年底，全国范围内已布局建设 8 个综合型软件名城、6 个特色型软件名城。2021 年，14 个中国软件名城共计实现软件业务收入 74461 亿元，达到全国软件产业总规模的 78.4%。从资源集聚来看，《2021 年度软件和信息技术服务企业竞争力报告》显示，百强企业中有 87 家来自授牌软件名城，各名城为龙头软件企业发展提供了丰富的人才、资本、政策、市场等各种资源。从提质升级发展来看，北京、杭州、南京、广州等综合型软件名城正积极探索国际级软件名城发展路径；苏州等特色型软件名城正聚焦产业优势方向，持续提升软件产业的综合竞争力。

2022 年，中国软件名城特色化、差异化发展路径将更加清晰，对经济社会发展的辐射带动作用也将继续增强。综合型软件名城将持续发挥龙头企业的示范引领作用，不断强化产业自主创新能力，提升对城市经济社会发展的带动层级。特色型软件名城将在夯实优势产业的基础上加快向其他领域延拓，开启向综合型软件名城升级的发展新征程。依托各软件名城丰富的数字化、网络化、智能化应用场景，可持续对下游信息技术服务优化打磨，加快

形成应用牵引、示范引领、生态优化的产业发展新模式，从而推动我国软件产业向价值链中高端攀升。

（五）政府与行业需紧密联手，培育软件“五名”构建产业生态

一是擦亮“名城”品牌。推进综合型、特色型中国软件名城分类创建和动态调整，制定完善适合新时期、新形势需求的中国软件名城动态调整管理机制。建立客观公正的动态调整评估体系与产业发展水平评估体系，为目标城市开展动态调整与评估提供理论支持依据。设立中国软件名城管理指导组、专家组、工作组，为做好名城管理工作、推进中国软件名城提质升级发展提供根本保障。

二是推动“名园”建设。依托各软件名城的差异化产业基础与丰富智力资源，加快打造特色化、专业化、高端化软件园区。支持有实力的园区率先建设技术攻关中心，为落地企业提供诸如研发测试环境、软硬件检测、适配认证管理、资质认定等技术创新服务。支持园区进一步健全涵盖产融合作、知识产权、咨询规划、人才培训、政策宣贯等在内的公共服务体系，全面提升园区服务效能。鼓励园区内有实力的企业积极参与承办有影响力的产业峰会与品牌活动，进一步提升园区的行业知名度。

三是强化“名企”培育。鼓励以“名城、名园”为载体，面向区域经济社会重大发展需求，聚焦优势领域规划布局一批特色软件企业。坚持普惠与特惠财税政策并举，加快“专精特新”和“单项冠军”软件企业培育，支持有实力的企业积极参与年度重点软件企业申报。面向区域内有实力的软件企业、高成长性软件企业开展梯队化上市服务，并制定企业融资需求清单，促进软件企业和社会资本的有效对接。把握新业态蓬勃发展态势，围绕人工智能、AR/VR/MR（增强现实/虚拟现实/混合现实）、跨境电商等新兴领域，培育新业态下的创新型软件企业。

四是实现“名品”突破。鼓励各地结合数字化转型发展需求，以本地优势领域为主要切入点，加快软件在金融、制造、物流、交通、农业等重点领域的创新应用，形成优秀行业应用案例。鼓励行业龙头企业开放应用场景，引导产业链上下游联合开展关键产品工程化攻关与集成创新，促进国产软件的供需对接与迭代优化，真正做到“以应用促创新，以创新造示范”。鼓励利用开源成果与开源模式不断提升完善技术实力与产品供给能力，打造形成

具有市场竞争力的知名软件产品。

五是加快“名人”引育。支持各地依托特色化示范性软件学院创新人才培养模式，加强关键软件高层次人才培养。统筹城市内的高校教育资源，建立跨学科课程体系，加快开展面向特定领域的紧缺型软件人才与复合型软件人才培养。深入推动校企合作，强化校企人员双向流动和资源共享，鼓励高校教师走进企业，支持本地知名企业、产品进课程、进教材、进实训。创新人才引进方式，鼓励柔性引才用才，以人才带技术、以技术变项目、以项目融资金，提高软件产业发展动力和活力，不断强化对高端产业人才的持续吸引力。

第二节 重点行业发展趋势展望

（一）基础软件

在操作系统领域，随着信创工作的持续推进，未来我国国产操作系统的发展将呈现出三大典型趋势：一是加速产品收敛，持续向少数精品化方向发展；二是软硬件适配体系进一步完善，基于国产操作系统的软件应用生态、运维服务体系将不断健全；三是市场影响力逐步扩大，国产操作系统有望向多个行业领域开始拓展。

在数据库领域，随着企业数字化转型步伐的加快，以多租户和动态调整来解决成本和响应问题的DBaaS（数据库即服务）模式有望得到进一步推广，将有越来越多的云厂商、传统厂商、新兴厂商借助开源模式加快在数据库市场中破局。短期内关系型数据库仍将占据主流，但随着新厂商的持续入局，非关系型数据库发展势头良好。在国产化浪潮的推动下，国内数据库厂商有望继续实现良好发展增速。

在中间件领域，中间件与云计算、区块链等技术融合发展。云计算的飞速发展为中间件奠定了牢固的数字基础设施，国家也发布相关政策鼓励企业上云，传统中间件厂商也积极布局云中间件。区块链的高效共识协议将会影响底层操作系统的革新，并进一步使中间的功能形态发生转变。

在办公软件领域，远程办公软件已成为办公软件发展的一个新趋势。自新冠肺炎疫情暴发以来，越来越多的人因疫情防控要求开始接触、使用并熟悉了远程办公软件。由于消费者对云办公需求的不断增加，其付费购买正版办公软件的意识也正逐渐增强，国产办公软件厂商发展迎来新一轮利好。远程协同办公赛道正受到更多厂商的重视，互联网厂商及传统办公软件厂商都开始丰富远程办公软件功能，并进一步带动电子签章、CRM、ERP 等领域的发展。

（二）工业软件

产业发展迎来重大机遇期。在国家间基础前沿技术保护竞争日趋白热化、产业链供应链强调对内循环的全球产业格局下，工业软件的高质量发展决定着我国下游核心产业稳定和工业基础稳固。2021 年以来，促使产业基础高级化、产业基础再造的相关政策目标和支持方案已经基本成形，发展工业软件已然凝聚了学界、业界、政界的合力，将迎来重大发展机遇期。

产业扶持政策将加速落地。在顶层设计出台的前提下，科学技术部将从新型举国体制的战略高度，基于工业软件相关重点专项强化底层共性技术研发；工业和信息化部将在智能制造、两化深度融合和工业互联网工作计划等重点年度工作中支持工业软件发展；财政部将细化执行“两免三减半”优惠政策；地方政府将积极推进工业软件“首版次”认定管理办法和推广应用指导目录，并试点探索相应保险补偿机制。

金融支持举措将持续补血。一批符合条件的集成电路设计和工业软件企业将借上市审核流程便利，加速上市进程，从资本市场直接融资获得可持续性的研发资金。中望软件、盈建科和霍莱沃等一批本土原创性研发企业登陆国内资本市场后，我国工业软件企业融资能力得到增强，兼并重组明显提速，产业链整合进一步集聚。2022 年，华大九天、芯愿景等工业软件核心企业也将首次在创业板和科创板上市，将从研发设计端发力，撬动关键产业链创新发展。

（三）信息技术服务

产业继续保持平稳向好发展态势。2022 年，随着新一轮科技革命和产业革命深入发展，信息技术服务将保持高速创新演进态势，同时，以 5G、人工智能、物联网、大数据为代表的新一代信息技术逐步普及并成熟，将驱动云服务、数据服务、智能化服务等新兴信息技术服务快速发展，为信息技术服务带来新的业务增长点和发展机遇。2022 年，我国信息技术服务业将保持 16%以上的平稳增长。

传统信息技术服务转型升级加速。在新技术的加持下，传统信息技术服务为满足市场需求将进一步加速转型升级。在信息技术咨询服务方面，信息化与业务融合持续深化，信息化工程咨询服务已不能满足客户需求，业务数字化转型咨询将成为咨询服务新方向。在开发服务方面，随着业务加速迭代，更具灵活性的微服务开发模式将成为主流，以满足业务系统的快速开发需求。在运维服务方面，随着人工智能、大数据、云计算等技术的飞速发展，运维服务面临的信息系统技术架构日趋复杂，传统运维服务模式将向基于人工智能技术的智能运维服务转变。

自主创新能力进一步加强。国际形势复杂多变，供应链紧张。坚持自主创新，逐步自主可控已成为我国发展的必由之路。在政策支持和应用牵引下，我国自主软硬件产品正逐步从“可用”向“好用”转变，信息技术服务也必须顺应发展趋势。建立我国自主可控的信息技术服务产业生态体系，提升信息技术服务的稳定性和竞争力，成为未来重点发展方向。

（四）嵌入式软件

嵌入式人工智能将迈入快速发展期。嵌入式人工智能自 2020 年首次加入 Gartner 发布的新兴技术成熟度曲线后，发展日益成熟，在提升产品准确性、稳定性和智能性方面发挥着重要作用，持续向零售、交通、制造、农业、医疗等行业领域渗透，尤其是各类终端用户垂直领域，应用数量不断增长。随着 IT 基础设施不断完善、智能手机及智能穿戴式设备快速普及，未来，嵌入式人工智能在提升终端消费者服务水平方面将发挥更重要的作用，并持续赋能各行业领域发展。

嵌入式工业软件仍为发展主力军。嵌入式工业软件在提升工业装备的数字化、自动化、智能化水平方面发挥着重要作用，可大幅提升工业装备性能及附加值，在我国工业软件市场中占比最高，约为 60%。随着我国工业化和信息化融合进程加快，工业企业加速转型，对工业软件及信息化服务的需求持续增加，工业领域嵌入式软件市场规模将持续增长，推动工业经济增长。

嵌入式操作系统加速向开放型发展。构建统一行业标准，推动技术开放共享，是增强行业性产品竞争能力的有效手段。近年来，我国嵌入式操作系统持续向开放化、标准化发展，基于 Linux 的嵌入式操作系统成为主流。随着自由软件技术、开源技术的日益成熟，嵌入式软件技术将加速向普惠化发展，开放型嵌入式操作系统将日趋流行。

（五）云计算

在技术方面，云计算发展开始呈现出与人工智能愈发紧密的联系，不论是机器学习平台需要的数据处理能力还是数据带宽，都离不开云数据中心的支持。在人工智能服务交付的过程中，云所扮演的角色将日益关键。随着 5G 技术的飞速发展及 5G 基站的持续建设，边缘计算发展日益迎来重要机遇，算力部署需求也将加快从云平台向边缘应用程序迁移。此外，开源软件也将有望重塑云操作系统软件，助力 PaaS 和 SaaS 层产业链协同开发创新。

在市场方面，新冠肺炎疫情使远程办公模式呈现出常态化发展态势。Zoom、WeLink、钉钉、企业微信等协同办公软件用户数量不断增加，催生出对大规模服务器、超大型数据中心的持续需求，为云计算发展带来了明显助力。多云、混合云方案的成熟加速了企业上云步伐，公有云和私有云的边界开始模糊，以往因数据安全和监管导致企业不敢上云的阻力不复存在。随着元宇宙概念的不断兴起，基于云的消费者服务发展也在持续加快，流媒体点播、云游戏将成为消费者领域下一个重要赛道。

在政策方面，随着《“十四五”软件和信息技术服务业发展规划》把云计算列为“新兴平台软件锻长板”的重点领域，以及“东数西算”工程的正式全面启动，我国云计算产业发展的政策环境进一步得到优化。具有场景属性的行业云特别是国家易于统筹的行业云平台有望迎来大规模建设期，从而带动相应领域的实体经济企业特别是中央企业、大型地方国企成为上云用云的主力军。

（六）大数据

一是产业规模将继续保持快速增长态势。2022 年，随着《“十四五”大数据产业发展规划》及数字经济、新型基础设施、数据要素、数字化转型等相关领域顶层设计的发布，地方各级政府将加快编制配套落实方案，大数据产业将迎来新一轮政策红利窗口期。同时，国内数字化发展的旺盛应用需求及巨大的市场空间也将为大数据产业发展提供强大驱动力，推动我国大数据产业继续保持高速增长势头，技术创新将进一步活跃，产品服务体系将进一步健全，企业主体将更具活力，产业规模将继续保持快速增长，产业发展质量稳步提升。

二是公共数据、社会数据的流通开发、跨境流动将加快突破。2022 年，随着数据要素市场培育相关地方政策的陆续出台与加速落实，数据要素市场化配置将进入落地实施阶段，围绕数据要素规范有序流通、高效公平配置、有效充分开发利用的制度规范、运营模式、交易机制、技术支撑、安全保障等方面，将加速形成可复制、可推广的地方成功经验。在公共数据资源开发利用方面，统一开放平台建设将稳步推进，开放数据范围将持续扩大，开放数据质量将持续提升，数据应用场景将广泛挖掘，数据数量不多、质量不高、更新不及时、开发利用不够等堵点问题将得到缓解。在社会数据资源交易流通方面，数据交易准入、定价、结算、交付、安全保障等方面将形成系列特色模式和特色规则，推动实现数据流通“可用不可见、可控可计量”。在跨境数据流通方面，围绕流通安全评估、安全审查、出口管制、数据跨境调取等方面有望形成地方标准。

三是隐私数据泄露、“大数据杀熟”等行业乱象将得到集中整治。2022年，随着国家与地方法律法规的落地实施，以及《网络数据安全管理条例（征求意见稿）》《互联网信息服务算法推荐管理规定（征求意见稿）》《价格违法行为行政处罚规定（修订征求意见稿）》等文件的正式出台，大数据产业发展将迈向规范发展阶段。互联网企业采集个人信息的原则将从以前的最大原则转变为最小原则，用户不同意收集非必要个人信息而拒绝用户使用App的问题、个人隐私数据泄露问题、“看人下菜碟”的“大数据杀熟”问题、算法歧视问题将得到缓解。

（七）人工智能

1. 层级高级化：技术创新向认知智能加速演进

从技术层面来看，业界广泛认为，AI核心能力包含3个层面，即浅层运算智能、中层感知智能、深层认知智能。当下的人工智能应用仍处于感知智能的阶段，机器尚不能像人类一样去理解认知并产生判断和决策。未来，随着认知心理学、人脑接口、人类发展史等多学科交叉领域的研究突破，人工智能有望建立起稳定的自主获取知识的认知机制，基于海量数据快速形成可靠的决策和判断，为社会大众生活及各行各业生产带来颠覆性的改变。以自动驾驶为例，借助车联网、车载传感器汇聚的海量交通信息，车辆将在无需驾驶员的情况下完成物理空间转移，同时实现最优路线、最少拥堵和驾驶安全，进而大大改变现在城市交通的面貌。同时，认知智能的创新应用将推进人机协同、机器换人技术的极大发展，将人类从重复性、机械性的劳动生产中解放出来，从事更具创造性的研发、艺术类的工作，促进人类社会的全面发展。

2. 场景多元化：主要行业应用场景深度融合

人工智能在主要行业的应用场景已经从碎片化过渡到深度融合的一体化，从单点应用场景转换为多元化的应用场景。与 2021 年相比，人工智能算力释放的场景在金融、制造、能源和公共事业、交通和互联网等行业体现得尤为显著，相关行业的人工智能应用场景呈现更为多元化的趋势，产业 AI 化在传统行业的应用拓展不断提速。伴随人工智能在各个行业的应用，各类人工智能芯片的需求也在大大提高，更加细分、多元，并最终体现在 AI 算力的多元化方面，算力与巨量模型发挥着重要的推手作用。

3. 治理规范化：人工智能治理趋实趋严趋细

加强人工智能发展的潜在风险研判和防范，确保人工智能安全、可靠、可控，已成为世界各国的共识，且已从理念层面进入建章立制、落地实施的阶段。在国际范围内，欧盟及联合国等组织发布了人工智能相关的伦理道德规范和法律法规。我国在 2021 年发布了《中华人民共和国数据安全法》和《中华人民共和国个人信息保护法》。这都反映出人工智能治理向更具实质性的监管方向发展，未来将会进一步深化治理，出台更多针对细分场景的细则和指引标准，进而推动相关法律法规的实施。

（八）开源软件

1. 开源模式成为信息技术应用创新的主流模式

开源发展乃大势所趋。开源模式已成为全球信息技术应用创新的主流模式，并正赋能千行百业。越来越多的开源项目与开源技术深刻影响着前沿领域的技术演进方向。在人工智能领域，TensorFlow、Caffe、PaddlePaddle 等开源的深度学习算法框架起到了极大的推动作用；在区块链领域，各种主流的公有链也都是基于开源开发的。究其原因，是开源软件所倡导的合作、开放、共治的开发模式，使得软件可以随技术的需求得到快速更新，反过来更好地推动技术发展。在全球范围内，开源企业商业价值将进一步凸显，开源软件企业日益成为资本市场竞逐焦点，迎来投融资空前活跃的“黄金年代”。

2. 开源治理体系逐渐规模化落地

随着开源理念普及和加速落地，以及开源组件的不断增多，大量的第三方开源组件被放到产品中，导致软件供应链变得越来越复杂，也使得当前开源软件的整体安全形势不容乐观。当前，国家、金融企业和第三方机构正逐步采取措施，催生开源治理新范式，使开源软件产业健康有序发展。我国企业正逐步重视开源风险，将开源纳入企业科技风险治理范畴，积极建立开源治理体系规避开源风险。当前，开源治理企业集中在具有海外业务的科技公司及安全要求较高的金融机构。未来，电信、能源、汽车等诸多行业都将逐步落地开源治理体系。

后　记

《2021—2022 年中国软件产业发展蓝皮书》由赛迪智库信息化与软件产业研究所编撰完成，力求为中央及地方各级政府、相关企业和研究人员把握软件和信息技术服务业的发展脉络、研判其前沿趋势提供参考。

本书由张小燕副院长担任主编，贾子君统稿。全书共计 30.24 万字，主要分为综合篇、行业篇、区域篇、园区篇、企业篇、政策篇、热点篇和展望篇 8 个部分。本书主要撰写人员如下：前言由贾子君编写，综合篇由姚磊、杨婉云编写，行业篇和企业篇由黄文鸿、刘丽超、杨辰凌、王越、李昕跃编写，区域篇由蒲松涛、王令泰编写，园区篇由黄文鸿、孙悦、王菲、李梓祎、李昕跃编写，政策篇由孙悦、李文轩编写，热点篇由李梓祎、李昕跃编写，展望篇由杨婉云、黄文鸿、刘丽超、杨辰凌、王越、李梓祎、李昕跃编写。参与本书撰写的实习人员有崔楚轩、崔笛、刘诗琳、王宸月、张俊瑶、张玉。

在研究和编写过程中，本书得到了工业和信息化部信息技术发展司领导及行业协会专家的大力支持和指导，在此一并表示诚挚的感谢。

本书虽经过研究人员和专家的严谨研究和不懈努力，但由于能力和水平所限，疏漏和不足之处在所难免，敬请广大读者和专家批评指正。同时，希望本书的出版，能为我国软件和信息技术服务业管理工作及产业健康、高质量发展提供有效支撑。

反侵权盗版声明

研究，还是研究 才使我们见微知著

思想，还是思想 才使我们与众不同

政策法规研究所　规划研究所　产业政策研究所（先进制造业研究中心）

科技与标准研究所　知识产权研究所　工业经济研究所　中小企业研究所

节能与环保研究所　安全产业研究所　材料工业研究所　消费品工业研究所　军民融合研究所

电子信息研究所　集成电路研究所　信息化与软件产业研究所　网络安全研究所

无线电管理研究所（未来产业研究中心）世界工业研究所（国际合作研究中心）

通讯地址：北京市海淀区万寿路27号院8号楼1201　邮政编码：100846

联系人：王　乐　　　联系电话：010-68200552　13701083941

传　　真：010-68209616　网址：http://www.ccidthinktank.com

电子邮件：wangle@ccidgroup.com